거룩한 행운

거룩한 행운

초판 1쇄	2025년 11월 25일
지은이	유진 피터슨
옮긴이	권혁일
펴낸이	신현정
펴낸곳	너머서
주소	07440 서울시 영등포구 대림동
문의전화	010-7554-6160
전자우편	beyond@beyondbooks.co.kr
홈페이지	beyondbooks.co.kr
출판등록	2025년 5월 28일 제2025-000079호
ISBN	979-11-995130-0-6 (03230)

Holy Luck
by Eugene H. Peterson

© 2013 Eugene H. Peterson
Originally published in English as *Holy Luck*
by Wm. B. Eerdmans Publishing Co., Grand Rapids, Michigan, U.S.A.

This Korean translation edition © 2025 by Beyond Books, Seoul, Republic of Korea.
This Korean-English edition is published by arrangement of Wm. B. Eerdmans Publishing Co. through rMaeng2, Seoul, Republic of Korea.
All rights reserved.

이 한국어-영어판의 저작권은 알맹2를 통하여 Wm. B. Eerdmans Publishing Co.와 독점 계약한 너머서에 있습니다.
저작권법에 의하여 한국 내에서 보호받는 저작물이므로 무단 전재와 무단 복제를 금합니다.

너머書는 담장 너머에 있는 더 넓은 세상을 탐험합니다.

거룩한 행운

유진 피터슨
권혁일 옮김

니기마

잰(Jan)에게, 결혼 55주년을 맞아*

차례

들어가며 ... 11

1부 거룩한 행운

행운의 가난한 자 ... 22
행운의 슬픈 자 ... 23
행운의 온유한 자 ... 24
행운의 주린 자 ... 25

행운의 긍휼한 자 ... 26
행운의 청결한 자 ... 27
행운의 화평하게 하는 자 ... 28
행운의 박해받는 자 ... 29

2부 바스락거리는 풀

요람 ... 32
꿈 ... 33
나무 ... 34
선물 ... 35

입맞춤 ... 36
고통 ... 37
춤 ... 38
별 ... 39

시간 ... 40
초 ... 41
봉헌 ... 42
전쟁 ... 44

찬양대 ... 45
인사 ... 46
잔치 ... 47
우표 ... 48

자궁 ... 49
질문 ... 50
새벽 ... 51

이집트 ... 52
메시지 ... 53
빛들 ... 54
임신 ... 55
영광 ... 56

묵상 ... 58
귀가 ... 59
이야기 ... 60
고요 ... 61

테러 ... 62
눈 ... 64
조상들 ... 66
침묵 ... 67

아름다움 ... 68
환대 ... 69
어니 삼촌 ... 70
제단 ... 71

예와 아멘과 예수님 ... 72
푸른 ... 74
친구들 ... 75

3부 매끄러운 돌들
(특별한 때에 지은 시들)

매끄러운 돌들 ... 78
아기 트뤼그베를 위한 축복 기도 ... 79
애서티그 섬 ... 80
봄의 나사로 ... 82

개들을 조심하라 (카베 카넴) ... 83
기도 시간 ... 84
중보 기도 ... 85
아론의 수염 ... 86

사순절 ... 87
지옥 ... 88
승천 ... 89
샬롬 ... 90

나비 ... 91
마라나타 ... 92
탐조 ... 94
사람이 갈라놓지 못할지니라 ... 96

어부 왕에게 바치는 발라드 ... 98
결혼의 동굴 ... 100
무화과 설교 ... 102
새로운 수학 ... 103

십자가의 길 ... 104
안식일 기도 ... 106
부활꽃 ... 108

원문 ... 109
주 ... 186

일러두기
* 이 책의 모든 주는 옮긴이의 주입니다.
* 본문에 인용한 성경 본문은 옮긴이가 직접 번역하였습니다.

들어가며

내가 처음 접한 시는 다윗의 시편이었다. 당시 나는 열세 살이었고, 진홍색 가죽 장정의 흠정역 성경책을 막 내 돈으로 구입한 참이었다. 그때는 우리 가족이 마을 건너편으로 이사한 지 얼마 되지 않은 여름이었는데, 나는 아직 그곳에서 새 친구들을 사귀지 못하고 있었다. 친구도 없고 심심했던 터라, 한가하고 적적한 나날들을 새로 산 성경책을 읽으며 보냈다. 그리고 이내 시편을 발견했다.

나는 성경적인 문화에서 자랐는데, 그 문화에서는 성경의 모든 단어가 종이에 적힌 그대로 사실이며, 문자 그대로 참이고, 하나님의 입에서 직접 나온 말씀이라는 강력한 주장을 아무런 의심 없이 받아들였다. 그러나 시편을 그러한 방식으로 읽는다면 내가 원하는 곳으로 나아갈 수 없었다. 나는 다음과 같은 구절들을 읽었다. "오 주님, 당신은 방패시라. …… 주님은 나의 바위이시다. …… 당신의 눈물을 나의 병에 담으소서 …… 하나님이 그들을 화살로 쏘리로다."

하나님이 무기라니? 그분이 바위라고? 하나님께서 눈물을 수집하시기 위해 표본병(specimen bottle)을 가지고 다니신다고? 그분이 내 적들을 무찌르시기 위해 활과 화살을 들고 땅 위를 돌아다니신다고?

문자적인 의미는 내게 통하지 않았다. 그러나 나는 질문하는 것이 부끄러웠다. 성경에 대해서, 다른 것도 아닌 하나님의 말씀에 의문을 제기한다고 질책받을까 봐 두려웠기 때문이다. 내가 살던 교회의 세계에서 질문을 던지는 것은 의심하는 것이었다. 그래서 나는 리듬과 이미지들을 즐기면서 터벅터벅 걷듯이 천천히 읽어 나갔다. 그러나 그것들의 문자적 의미를 어떻게 이해해야 할지는 혼란스러웠다. 그렇게 꾸준히 읽어 나가는 동안 어떤 일이 일어나고 있는지 제대로 알아차리지 못한 채, 나는 이 시편들을 이해하려는 노력을 그만두게 되었다. 대신 내가 말들의 세계 속으로 이끌려 들어와 있는 것을 발견하였다. 그 속에서 나는 더 이상 질문자가 아니라 참여자였고, 그 참여를 즐기고 있었다.

여름이 절반쯤 지났을 때, 한 가지 사실을 깨달았다. 바로 말을 사용하는 방식에는 문자적 의미가 아닌 다른 의미를 담는 방식도 있다는 점이었다. 나는 은유의 마법이라는 작업에 대해 어느 정도 배우고 있었다. 비록 내가 다윗의 시편에서 경험한 것을 명명하는 단어를 습득하는 데에는 그로부터 몇 년이 더 걸렸지만 말이다. 언어가 가능성으로 폭발하기 시작했다. 쇼핑 목록을 만드는 것, 길을 잃은 낯선 이가 어떤 장소를 찾도록 길을 가르쳐 주는 것, 시험을 준비하며 날짜들과 이름들을 암기하는 것, 내가 키우는 강아지를 부르는 것, 하나님의 존재를 증명하는 것 외에도 언어는 훨씬 많은 쓸모가 있었다. 다윗이 사용한 언어에는 사전적 정의보다 훨씬 많은 것이 관련되어 있었다. 소리들과 소리의 조합이 그 한 부분이었다. 리듬과 반복과 운율도 마찬가지였다. 나는 내가 사용할 수 있는 사실들을 찾고 있는 것이 아니라,

진실되거나 아름답거나 호소력 있는 무언가를 만드는 데에 나 자신이 참여하고 있음을 발견하였다.

여름이 끝날 무렵, 나는 나의 시인들 무리에 이사야와 예수님과 바울을 추가했고, 몇 년 후에는 에밀리 디킨슨(Emily Dickinson), 조지 허버트(George Herbert), T. S. 엘리엇(Eliot), 제라드 맨리 홉킨스(Gerard Manley Hopkins), 윌리엄 카를로스 윌리엄스(William Carlos Williams), 데니스 레버토프(Denise Levertov), 루시 쇼(Luci Shaw), 스콧 케언스(Scott Cairns)와 그들의 친구들을 나의 시인들의 동류로 찾아낼 수 있었다. 하지만 나를 시작하게 해준 것은 다윗이었다.

나는 시인이 언어의 관리자이자 말(words)의 목자라는 것을 배웠다. 그들은 말을 모독과 착취와 오용에서 보호한다. 말은 무언가를 의미할 뿐만 아니라 그 자체로 무언가이며, 각각의 고유한 소리와 리듬을 가지고 있다. 시인은 무엇보다 우리에게 무언가를 말하거나 우리가 무언가를 하게 만들려고 하지 않는다. 시인은 설명하거나 묘사하기 위해서가 아니라 만들기 위해 말을 사용한다. 시인(*poetes*)은 '만드는 자'이기 때문이다.* 장난스러운 훈련(또는 훈련된 장난스러움)으로 말에 주의를 기울임으로써, 나는 말 그 자체와 그 말들이 나를 초대하는 헌신 모두에 더 깊은 존경심을 품게 된다. 시를 읽은 후에 내가 얻는 것은 더 많은 정보가 아니라 더 많은 경험이었다.

목사라는 소명과 정체성을 받아들일 때쯤, 나는 목사와 시인 사이에 많은 공통점이 있다는 사실을 깨달았다. 우리는 경외심을 가지고 말을 사용하고, 일상의 구체적인 것들에 몰입하며, 추상적인 관념들을 경계하고, 평범한 것들의 영광을 탐색하며, 환상에 대해 경고하고, 서로 미세하게 연결된 리듬과 의미와 영에 주의를 기울인다. 성서의 예언자들과 시편 기자들이 모두 시인이었다는 사실은 내게 특별한 의미로 다가왔다. 그들은 내가 예언적인 작업과 시편적인 작업, 즉 설교와 기도를 통합하는 데 있어서 내게 마음이 맞는 동반자들을 제공해 주었다.

매일의 목회 사역은 실제로 해보면 대부분 즉흥적인 행동으로 보인다. 목회 사역을 세울 토대로 삼을 만한 견고한 기반은 없는 것일까? 목회 사역 초기 몇 년 동안 주변을 둘러보며 관찰한 것은 널리 행해지는 목회 관행이 대부분 모래 위에 세워져 있으며, 그 모래는 몇 년마다 바뀐다는 것이었다. 그것은 내게 실망감을 안겨 줬다. 큰 진리들, 예를 들면 하나님, 하나님 나라, 구원, 정의, 영혼, 죄, 용서, 예배, 긍휼은 정중하게 인정되었지만, 그다음에는 미국 문화라는 비인격화되고 세속화된 치장으로 얄팍하게 포장되었다. 큰 '진리들'은 나와 함께 일하는 사람들이 '일요일과 일요일 사이의' 일상에서 세상과 어울리는 방식, 곧 그들의 사회적 관계, 사업 관행, 정치적 견해와는 별로 상관없는 듯이 보였다. 나는 "하지만 이것이 현실에서 어떻게 작동하는가?"라고 질문하기 시작했다. 그리고 나의 상상력을 훈련시키는 시인들과 함께 사방에 있는 돌들, 모퉁잇돌과 쐐기돌, "건축자가 버린" 돌 들을 발견했다. 그것들은 세워지고 있는 건축물을 돋보이게 하지도, 크기나 모양이 구별될 만하지도 않다는 이유로 버려진 돌들이었다. 대부분의 경우 이 돌들은 말(words)이었다.

목사가 하는 거의 모든 것은 말과 관련된다. 나는 말을 사용해서 설교하고 가르치며, 기도하고 지도한다. 사람들은 종종 하나님께서 내 말을 사용하여 자신들에게 말씀하시지 않을까 하는 기대를 품고, 나에게 특별한 주의를 기울인다. 나는 말을 정확하게, 그리고 잘 사용해야 할 책임이 있다. 하지만 그것은 쉽지 않다. 내가 살아가는 세상에서 어떤 사람들은 경솔하게 말하고, 또 어떤 사람들은 교활하게 말을 사용한다. 나 또한 목사라는 역할이 내 어리석은 말을 상쇄해 줄 것이라고 믿으며, 마음에 떠오르는 대로 경솔하게 말하기 쉽다. 아첨하거나 조작하는 말로 다른 사람들에 대한 영향력을 획득하기도 쉽다. "육신이 되신 말씀"을 예수를 광고하는 말들로 축소시키고, 복음을 추상적인 '진리들'과 도덕적인 상투어구들로 비인격화시키게 될지도 모른다. 단지 내가 목사인 것만으로도 나의 말들은 미묘한 방식으로 부패 가능성에 노출될 수 있다. 내가 알게 된 것은 시인들, 말에 마음을 쓰고 정직하게 말하는 남녀들, 말이 가진 순전하고 강력한 힘을 존중하고 귀히 여기는 이들과 함께 지내는 것이 나를 깨어 있게 만든다는 사실이었다. 성경적으로 깨어 있게, 예수님께 깨어 있게 말이다. 그들과 교제한 후에 나는 덜 경솔해졌고, 말과 말씀(the Word)에 대한 경외심이 회복되었다. 그리고 때때로 나만의 시를 쓰기도 했다. 그 시를 읽는 사람은 내 친구들과 가족, 그리고 교회 교인들 말고는 없었다. 몇 편은 저널이나 잡지에 실렸다. 하지만 그 모든 것은 나의 목회 소명에 뿌리를 두고 있었다.

나는 이 시들을 세 개의 제목 아래 모았는데, 모두 '하나님 나라'라는 작업 환경에서 쓴 것이다. 그 제목들은 이렇다. 거룩한 행운, 바스락거리는 풀, 매끄러운 돌들.

1부 거룩한 행운. 내가 목사로 형성되어 가기 시작하던 때에, 나는 나의 상상력이 궁핍해서 기독교적 삶, 거룩한 삶을 받아들이고 실천하는 것에 대해 증언하고 지도하는 일에 무엇이 수반되는지를 제대로 이해하지 못한다는 것을 깨달았다. 당시 나는 나에게 도움이 된 것으로 보이던 이해와 경험의 파편들을 한데 모으고 있었다. 그러나 목회 소명을 추구하면서 나는 그 파편들이 철저히 세속화되고 상품화된 미국의 지배적인 문화에 별다른 영향을 주지 못한다는 것을 발견했다. 그래서 결국 내 경험의 조각들을 통합하여 그것들보다 큰 어떤 것을 만들 수 있는 무언가를, 하나님 나라의 삶의 조건들 속에서 나의 방향을 이끌어 줄 무언가를 찾아 나섰다. 초기의 어느 시점에 이르러 나는 팔복을 그 시작점으로 선택했다. 마태는 예수님의 팔복을 그분의 단호한 설교인 산상수훈의 문턱에 놓아 두었다. '팔복'(Beatitudes)으로 불리는 이 여덟 가지는 산상수훈이라는 예수님의 종합적인 교향곡의 전주곡에 해당한다. 팔복은 예수님께서 말과 행동으로 선포하신 하나님 나라의 삶을 이해하는 첫 번째 단계로서 우리 상상력의 급진적인 혁신을 강조한다. 우리가 일반적으로 받아들이기 힘들거나 성취하기 어려운 여덟 가지 조건 또는 상황이 하나님 나라 생활에서는 받아들여야 할 기본적인 것들로 재해석된다. 예수님을 따르기로 결정하는 모든 이는 처음부터 알아차리든지 그렇지 않든지 간에, 이러한 조건들을 기쁘게 받아들이는 도제(apprentice)가 된다. 그러나 그것을 실제로 행하게 되면, 그것들이 우리가 생각한 것과는 상당히 다르다는 것을 발견한다.

이러한 전략적 배치는 나의 상상력을 사로잡았을 뿐만 아니라 내가 목사로서 증언하던 것을 명확하게 해주었다. 팔복의 각 구절이 지니는 독특한 특질은 세상을 접하고 받아들인다는 것이 무엇을 뜻하는지에 대한 일반적인 이해를 가차없이, 무조건적으로 거부한다는 것이다. 나아가 그러한 이해를 우리에게 일어나는 상상력의 총체적인 방향 전환으로 대체한다는 것이다. 그러한 재방향화는 예수님을 따르는 자들이 하나님 나라에서 말하고 행동하는 방식을 우리가 접하고 받아들일 때 일어난다. 나는 이 일에는 시간이 좀 걸릴 것을 알았기에, 서두르지 않고 천천히 시간을 들였다. 그럼에도 무려 7여 년이 걸려서야 이 팔복 연작시인 "거룩한 행운"을 완성했다. 이 시편들은 나의 매일의 증언이 하나님 나라, 곧 예수님께서 이 세상에서 시작하셨으나 세상에 의해 정의되지 않는 나라로 향하도록 이끌어 주었다. 또한 그 시들은 일종의 독립 선언으로서 내가 세상의 방식에서 벗어나도록 잘 도와주었다.

2부 바스락거리는 풀. 내 삶 전체는 하나님 나라로 규정되는 조건들 속에서 일어난다. 나의 '영적' 생활이나 '교회' 생활, '종교' 생활만이 아니라 모든 삶이 그렇다. 처음부터 그렇게 인식한 것은 아니었지만, 점차 그리고 결국에는 온전히 깨닫게 되었다. 그리고 내 삶만이 아니라 모든 이의 삶이 그렇다. 또한 인간의 삶만이 아니라 창조 세계 전체가 그렇다. 곧, 선한 것과 악한 것, 아름다운 것과 추한 것, 그리고 나 같은 사람들만이 아니라 불가지론자와 무슬림, 불교도도 그렇다.

대부분의 실재(reality)는 눈에 보이지 않는다. 물론 보고, 듣고, 만지고, 맛보고, 냄새 맡을 수 있는 것도 충분히 많다. 꽃과 석양에 깃든 천연색들, 선율과 화성과 리듬과 강세로 이루어진 교향곡, 부드럽고 거친 질감들, 달고 신 맛들, 향기와 악취. 하지만 하나님 나라의 삶은 훨씬 크고, 훨씬 포괄적인 실재 속으로 들어가는 것이다. 내가 보고, 듣고, 냄새 맡고, 만지는 것은 대부분 눈에 보이지 않는 것, 곧 참됨과 선함과 아름다움으로 향하는 열린 창이나 문이라는 것을 나는 곧 발견하게 된다. 그러한 것들은 진선미(眞善美)와 같은 단어 그 자체도 아니고, 추상적인 개념도 아니며, 정량화하거나 측량할 수 있는 것도 아니다. 성육신("말씀이 사람의 몸이 되어 우리 가운데 거하셨다!")은 우리로 하여금 만질 수 없는 것을 만질 수 있게 한다.

내가 다음 사실을 깨닫는 데는 오랜 시간이 걸리지 않았다. 우리는 인간 사회에서 '군주'(a human lord)가 권위와 권력을 갖추고, 자신의 의지를 내세워 실행하는 것처럼 성서가 '주'(Lord)라 칭하는 그분도 아마 그러하리라고 기대할 것이다. 그러나 성서는 그런 '주'에 대해서 말하지 않는다. 특히 예수님은 하나님의 아들로 인정받은 경우가 거의 없는 것으로 보인다. 그분은 대부분 변두리에서 일하셨으며, 주목받지 못했고, 무시되거나, 심지어 멸시당하셨으며, 그분을 향한 축하나 열광도 없었다. 그래서 나는 다음과 같은 일을 과제로 삼았다. 평범한 것에 주의를 기울였고, 그런 후에는 내가 탐색한 곳에서 구원의 삶의 측면들과 하나님 나라에 관한 사안들을 확인하였다. "바스락거리는 풀"에 담긴 시들처럼 말이다. 나는 그것들을 현장에서 기록한 노트(field notes)라고 생각한다. 성서와 기도와 일들이 이러한 하나님 나라 삶의 방식 안에서 함께 모이기 때문이다. 시를 쓰는 것은 적어도 우리 문화에서는 별로 주목받지 못하는 일이이지만, 평범한 것들에 깃든 하나님 나라에 주의를 기울이는 데에는 좋은 방법인 것 같다.

3부 매끄러운 돌들은 그 외의 다른 모든 상황에서 우연히 마주친 기회시들(occasional poems)을 모은 것이다.** 예를 들면 메릴랜드의 숲길과 몬태나의 산에서 일어난 사건들, 결혼과 가족, 태어남과 죽음, 말(words)을 가지고 놀기, 말로 우물 파기♣ 등과 같은 것들 말이다. 다윗의 '매끄러운 돌 다섯 개'는 예수님을 따르는 동안 마주치는 온갖 세세한 일들에서 의미를 발견하는 것을 뜻하는 은유가 되었다.

나는 예수님의 발자취를 따르길 원했고, 그래서 예수님이 회당이나 성전에서 말씀을 전하시는 일은 아주 드물었다는 사실에 주목하지 않을 수 없었다. 예수님과 그분을 따르는 이들은 함께한 시간 동안 대부분 갈릴리의 길을 걸으며 이야기하였고, 갈릴리 바다에서 물고기를 잡았으며, 친구들과 때로는 원수들(적어도 그를 의심하던 사람들)과 함께 식사하였다. 또한 그들은 심한 피부병 환자들을 만졌고, 여인들의 손이 그들을 만졌다. 나는 늘 눈을 뜨고 있는 법을 배우고 있었다. 하나도 놓치고 싶지 않았다. 한 친구가 "하나님은 잘 보이는 곳에 숨어 계신다"라는 제목의 책을 썼다. 내 생각에는 그 말이 맞다.

1부

거룩한 행운

○

"당신에게 명예와 함께 행운이 있기를."

_시편 45편 4설 (공동기도서)

행운의 가난한 자
The Lucky Poor

"심령이 가난한 자는 복이 있나니"

겨울의 너도밤나무, 푸른 하늘과
부푼 구름을 배경으로 하얗게
드러난 얽히고설킨 가지들이
그 비어 있음 속에 무르익음을
품고 있다. 신호가 울리면 솟을 준비가 된
수액, 잎을 틔울 태세를 갖춘
새순들. 그리고 여름 한 철이 지난 후
약속된 무성함이 성취되었음을 기억할
가느다란 나이테 하나.
현명한 가난 속에 다시 비워짐은
자라는 가지들이 천국을 향해
1밀리미터 더 뻗어 가게 하고,
줄기는 아주 살짝 더 굵어지게 하며,
뿌리들은 견고한 근원 속으로
밀고 들어가게 하니, 잎을 잃음은 행운이다.
놓아주라는 계절의 일깨움.

행운의 슬픈 자
The Lucky Sad

"애통하는 자는 복이 있나니"

갑작스러운 눈물의 홍수, 그 급류가
잔인한 협곡들을 침식시켜 훤히 드러낸다
평화로운 세월들 속에 놓여
오래도록 잊힌 인생의 지층을,
악지(惡地)의 아름다움을. 태양이,
황야의 마른 계곡과 언덕의 빛깔들로
하루하루를 장식하는 바로 그 태양이
비탄의 모든 오랜 상흔과 상처를 보여 준다.
울음은 그것들을 깨끗이 씻어서
치유되도록 놓아두지만, 치유에는 항상
한두 세대가 걸린다. 과거가 된
고통은 그 어느 것도 흉하지 않다. 하나님의 자비
아래에서 모든 상처는 되어 감이라는
위대한 사슬의 연결고리가 되는 화석이다.
기도는 곡괭이와 삽, 종종
죽음의 골짜기에서 그 화석들을 파낸다.

행운의 온유한 자
The Lucky Meek

"온유한 자는 복이 있나니"

모세는 화냈다 두려워했다 하면서도
온유했다. 소나기구름의 새하얀 빛 아래서,
구름 기둥의 그 영광스런 불투명함 아래서.
모든 구름은 온유하다, 바람에 뒤흔들려
그 모양은 변하지만 결코 잃지 않는다,
그 존재를. 그것은 완전한 액체도 아니고 고체는
더욱 아닌, 그 중간 어디쯤이다, 나처럼.
세차게 불어오는 영에 순응하면
모든 것은 섬기는 천사가 명령하는
그것 — 신호, 약속, 전조 — 이 된다.
활기찬 형상과 색깔, 오, 색깔들,
땅에서 얻은 색소들의 그 색깔들이 햇빛과 섞여
황혼 때는 찬양을 올리는 색채를 만들고,
동틀 때는 폭풍을 모아들이고, 비를
쏟아내며, 날씨에 맞춰진, 정돈된
그림자들 속에 햇빛을 걸러 낸다. 햇빛 조각들.

행운의 주린 자
The Lucky Hungry

"의에 주리고 목마른 자는 복이 있나니"

깃털 없는 불신은 추락하고 말리라, 바위처럼,
겹겹이 쌓인 상승 온난 기류를 뚫고서.
그러나 이 붉은꼬리매는
부유하며 활공한다. 배가 고파도
서두르지 않고, 썩은 고기 정크푸드나
간편식은 느긋하게 경멸하며 흘려 보내고,
잡기 힘든 먹이가 공급되기를
능숙하게 기다리니, 보이는 비어 있음이
보이지 않는 충만함 위에 있다.
태양은 일본식 부채 같은 꼬리를
구릿빛으로 칠하고, 큰 하늘을
배경으로 깃털들을 새기어
내 눈에는 기쁨을 주고,
더 멀리 보는 새를 축복하여
한 줄기 빛으로 뱀을 겨누게 한다.
창세기에서 정해진 죽음 속으로.

행운의 긍휼한 자
The Lucky Merciful

"긍휼히 여기는 자는 복이 있나니"

십억 년의 거센 바다 물결,
배를 난파시키는 바다의 격랑과 요나의 폭풍이
냉혹하고 무자비한 화강암을 부수어
고통을 잊게 하는 이 해변을 만들었다.
자비로운 바다 너울의 리듬에 씻겨
도시의 콘크리트로부터 자비로운 해방을
얻는다. 정죄받지 않은 채, 맨발로,
나는 애서티그* 모래 속에 발목까지 잠겨,
베개 같은 모래 언덕들에 새겨진
긍휼의 풍요로운 무늬에 눈을 뜬다.
경쾌하게, 질서 정연한 대열로 움직이는
도요새들과 갈매기들이 소금기 어린
나의 거룩한 고독을 경건하게 시중든다,
그러다 먹이를 먹고, 다시 날아간다, 움직이는,
썰물과 이안류의 불분명한 경계를 따라,
염려와 죽음을 가르는 그 경계를 따라.

행운의 청결한 자
The Lucky Pure

"마음이 청결한 자는 복이 있나니"

맨살의 험준한 산, 봄의
파괴적인 눈사태에 씻긴 이곳.
돌서렁 비탈과 애피커니*
이암이 만든 초원, 여기서 자란
고산의 곰폴꽃이** 이끼와 바위,
얼음 호수에서 빛을 모아
치명적인 태양 광선을
곰들의 먹이, 꿀벌들의 음료로 바꾼다 ―
마음이 청결한 피조물들은 복되게 살아간다
하나님의 얼굴에서 비치는 빛 아래에서.
그러나 심하게 타락한 우리처럼
그들은 그 얼굴을 볼 수도, 본다 해도
살 수도 없다. 모든 꽃봉오리는 젖가슴이다,
눈 못 뜬 채 더듬거리는 모든 갓난아이들을 위해
결국에는 얻게 될 시야를 품고 있는
그렇게 우리는 더듬으며 나아간다,
이 찬란한 경이들을 지나 영광으로 가는 그 길을.

행운의 화평하게 하는 자
The Lucky Peacemakers

"화평하게 하는 자는 복이 있나니"

거대한 구름 주먹들이
하늘의 드러난 배를, 푸른 몸통을 마구 때려대니
창공이 고통으로 몸을 웅크리고,
번개는 악담을 퍼부으며, 천둥은 고함을 친다.
어머니 대자연의 아이들이 싸운다.
그러고는 그 시작처럼 갑자기
끝난다. 지각이 씻긴 노아의 후예들은
무장해제된 세상을 내다본다.
평온하고 신선한 공기. 고요한 물.
어떠한 기압 변화가
이 격렬함들을 재배열하여
평화가 약동하는 무지개
징표를 만들었을까? 나의 원수는 자신의 다른 쪽
뺨을 돌려 대니, 나는 경계를 푼다. 거울 같은
호수는 걸러 낸 색들을 되비추고
산들바람에 흔들리는 소나무들은 고요히 노래한다.

행운의 박해받는 자
The Lucky Persecuted

"박해받는 자는 복이 있나니"

불친절한 물들이 친절을 베푸니,
저주들, 폭포가 퍼부운
돌들이, 거친 들을 매끄럽게
만들고, 증오에서 뿜어진
신성모독의 급류가 세차게 달려가다
햇빛에 붙잡혀, 야커게이니* 위로
무지개 아치를 뿌린다.
강의 비정한 공격에 폭행당한
땅은 기반암까지 깊어진다.
지혜로운 수동성을 배워
이따금씩 고요한 바위 웅덩이가
거친 물들을 고요하게 누그러뜨리고,
솔송나무의 초록 아래 붙잡아 두어
새들과 사슴들이 평화롭게
목욕하고 마시게 하니 — 이는 박해의 선물.
힘겹게 얻은, 복된 그대로 두기.

2부

―

바스락거리는 풀

○

바스락거리는 풀 속에서
   그가 지나가시는 소리를 듣네
그가 내게 말씀하시네, 모든 곳에서.

_말트비 밥콕크(Maltbie Babcock)

요람
Cradle

그녀는 첫아들을 낳아
아이를 강보로 싸서
구유에 눕혔다. _누가복음 2장 7절

오직 불완전한 아버지들과 덜된 어머니들만
알아 온 우리에게, 이 아이는 놀라움이다.
우리가 일어나길 바라던 모든 것이 갑자기
현실이 되었다. 예언을 먹고 자라 간직되었던 희망들,

    오래된 설교들과 노래 조각들이 이제
    요람 안에서 옹알이하고 까르르댄다, 중얼거리는
    원시 언어는 말문이 트이는 즉시 (그리고 우리도 물론
      귀가 열리면)

큰 명사들을 말할 것이며 — 기쁨, 영광, 평화,
최고의 동사들을 살아낼 것이다 — 사랑하다, 용서하다,
 구원하다
강보와 함께 그 말들은 씻긴다

    모든 더럽혀진 감정이 씻기고,
    모든 실패한 약속이 깨끗이 닦여서,
    세상의 뒷마당에 널리는
    눈부시게 새하얀, 펄럭이는 복음.

꿈
Dream

…… 꿈에 주님의 천사가 그에게 나타났다. _마태복음 1장 20절

선과 악, 요셉의 의로움과
헤롯의 사악함은 친숙하게 알면서도,
나는 언제나 항상 은혜에는 낯선 자.
나는 천사의 연례 방문이 필요하다.

   — 꿈이 현실로, 갑작스런 다이빙 —
   처녀가 임신하고 하나님이 우리와 함께 계신 것을 알게
     하려고.
   그 꿈은 온 힘을 다해 겨울 날씨를 뚫고 와
   내게 예수님이라는 선물을 볼 수 있는 눈을 준다.

그 꿈에서 나온 빛은 일 년 동안 지속된다.
춘분과 추분, 하지와 동지에도 휘둘리지 않고,
열두 달의 일광을 만들어 나로 하여금 보게 한다, 나의

   구원자가 사시는 구유를. 찬양의 원형들이
   나의 영혼 깊은 곳에서 형상을 이룬다.
   가을이 저물어 갈 때면 난 세어 본다,
   다시 그 꿈을 꾸기까지 남은 날들을.

나무
Tree

새싹이 이새의 그루터기에서 날 것이다,
가지가 그 뿌리에서 돋을 것이다. _이사야 11장 1절

비둘기와 어린양의 사체들, 황소와 염소의
가죽들, 수백 년의 바짝 마른 기도들과 피묻은
희생 제사의 퇴비로 자라난 이새의 뿌리가
이제 내게 복음 열매를 맺는다.

    정결한 토양에서 길러진 다윗의 가지가
    메시아 꽃으로 피어나고, 그 다음엔
    하나님 나라 작물로 영글어,
    겨울을 위해 봄의 향기와 온기를 보존한다.

성령님, 저희 가족의 나무도 흔들어
죽 뻗은 저희 두 팔에 당신의 열매들을 내려 주십시오.

    저는 보고 싶습니다. 제 아이들이 하나님의
    선물 광주리를 받아 약속의 땅에서 자란 석류와

가나안 포도를 한 입 가득 먹는 모습을요, 제가
그리스도 곡조에 맞춰 은혜의 줄을 통통 넘는 동안에요.

선물
Present

이는 한 아기가 우리에게 났고 한 아들을 우리에게 주셨으며 …… 그의 이름은 기묘자라, 모사라, 전능하신 하나님이라, 영존하시는 아버지라, 평강의 왕이라 할 것임이라. _이사야 9장 6절

흥분되어 반쯤 정신이 나간 듯, 현란한 불빛들 아래
나는 또다시 그리한다, 해마다 해마다
기다릴 수 없어 상자들을 약탈하고는
친구들에게 보여 주며 말한다. "이것 봐, 내가 받은 거야!"

    나는 선물들 포장지를 모두 뜯어낸다. 그러나
    모든 라벨이 거짓말했음을 발견한다. 돌들.
    그리고 내 마음이라는 돌. "허물과 죄로
    죽은." 불빛들이 꺼진다. 나중에 내 눈이

어둠에 익숙해지면, 보게 된다. 그리스도 포장지에
싸여 성령 색깔의 리본으로 묶인

    많은 이름을 가진 메시아, 믿음의 형체 위에
    붙은 사랑 라벨들, 모든 이름은 약속

그리고 모든 약속은 선물, 모두 같은 숨결 안에서
만들어지고 이름 붙여진. 나는 받아들인다.

입맞춤
Kiss

한결같은 사랑과 신실함이 만날 것이며
의와 평화가 서로 입맞출 것이다. _시편 85편 10절

길 잃은 애정들은, 냄새를 따라 끌리는 대로 가다가
나를 온갖 문제에 빠뜨린다, 장미밭을 밟아 뭉개는 것부터
봉투에 담기지 않은 쓰레기들을 엉망으로 만들어 버리는
 것까지.
그러고 나서 그 흔적들은 차가워져 묘연해진다. "겨울이

    내내 이어지고, 크리스마스는 결코 오지 않는다,"
    내가 그 입술에 온전히 닿기 위해 당겨 올려져 발끝으로 선 채
    시편의 겨우살이 아래에서 키스를 받기까지는.*
    평화가 사랑의 신호를 만드는 입술로 응축되어

영원을 시간 속으로 천천히
놓아 보낸다. 기쁨이 나를 어루만진다.

    공공 장소에서 나누는 하늘의 친밀함은
    언제나 어색해서, 나는 쭈뼛거리며 얼굴을 붉히고,

그러면서도 내 의지와 상관 없이, 밤에 밝음을,
겨울에 따스함을 보탠다. 세상은 연인들의 오솔길이다.

고통

Pain

…… 칼이 또한 그대의 영혼을 꿰뚫고 지나갈 것입니다. 그로 인해 많은 사람의 마음속 생각이 드러나게 될 것입니다. _누가복음 2장 35절

아기들의 울음소리는, 어찌 보면 언제나
적절하지 않다 ― 왜 사랑받는 순수한 존재들이
울부짖음으로 생을 맞이해야 할까? ― 이는 모두가 좋은 건
아니라는 증거. 꿈과 출산은 결코 딱 들어맞지 않는다.

    깊은 배고픔은 만족되지 않으며, 깊은 상처는
    치유되지 않는다. 천연스럽고 명랑한 것들이
    추한 일그러짐과 저주로 찢어진다. 환희의 자리에
    상처가 대신 나타난다. 출생은 피투성이다.

모든 고통은 전주곡이다, 교향곡의, 달콤함의 전주곡.
"진주는 조개의 배 속에서 고통으로 시작되었다."

    층층나무는 요람에서 십자가로 재활용되어
    짐을 덜어 주는 멍에로 다시 시장에 나온다.

칼에 찔려 갈라진 옆구리는 모두 하나님께서
다시 오실 자궁이다. 산고를 통해 기쁨을 낳는다.

춤
Dance

…… 그대가 인사하는 소리가 내 귀에 들렸을 때 내 배 속의 아기가 큰 즐거움으로 힘차게 뛰어올랐어요. _누가복음 1장 44절

다른 이의 심장이 비트를 깔아 주어 나를
움직이게 한다, 삼위일체의 어우러짐 속에서,
세상의 기초가 놓이기 전 모태에서 배운 스텝을 밟는다.
비트 하나도 놓치지 않는다, 찬양의 박동을.

    빛을 향해 뛰어오르며, 나는 어둠 속에서
    춤춘다, 이제 축복의 배와 닿으니, 이제 그 자리에
    통증이 생기고, 태어날 준비가 되었다,
    사랑의 신비를 명명하고 열린 세상에서 살아낼 준비가.

거의 죽은 자들과 간신히 살아 있는 자들이
사용하지 않은 근육 속에서 근원적인 리듬을 감지하고

    세 번의 할렐루야로 수레바퀴처럼 명랑하게 재주넘는다.
    하지만 이것이 전부는 아니니, "귀먹은 자들은 춤추는 자들을

항상 멸시한다." 그래도 춤은 멈추지 않는다. 박수받지
  못하나,
빛을 기다리는 모두는 인사하는 소리에 뛰어오른다.

별
Star

나는 그를 보지만, 지금은 아니다. 나는 그를 바라보지만, 가깝지는 않다.
야곱으로부터 별 하나가 나올 것이다. …… _민수기 24장 17절

밤이 아니면 별을 볼 수 없고,
해가 지기까지는 정북(正北)을 알 수 없다.
낮의 밝음은 어둠이 보여 주는 것을 숨기고,
내가 잠자리에 드는 시각에 큰곰이 성큼성큼 걸어 나온다.

    나는 눈을 뜬다, 저주받은 그러나 꼭 필요한 어둠을 향해,
    내 샘의 물을 빼내어 마르게 하는 검은 구멍을 향해.
    그리고 본다, 가깝지도 않고, 지금도 아닌, 천상의 표징을,
    메시지를 담은 별들의 하늘에서의 폭발을.

수 광년 전, 어둠에서 출발한 별빛이
내 등 뒤에서 그 여정을 완수한다.

    해독하지 못한 신화와 이야기의 히늘들이
    이제는 운율이 깃든 룬 문자로* 영광을 이야기한다.

길 잃은 조종사들은 항로를 그리려 밤을 기다리고
그처럼 낮에 움직이는 순례자들도 한밤을 찬양한다.

시간
Time

때가 찼을 때, 하나님이 자신의 아들을 보내셔서 여자한테서 나게
하시고, 율법 아래 놓이게 하셨습니다. 그것은 율법 아래 놓여 있는
사람들을 값을 치르고 풀어 주시기 위해서였습니다. 우리가 아들딸로
입양되도록 하시기 위해서 말이지요. _갈라디아서 4장 4-5절

인생의 절반, 또는 그 이상을 나는
기다림으로 보내고 있다. 새벽이 쏟아 낸
웃음으로 생기 넘치는 해가 하나님의 가장자리를 넘어
나의 텐트로 오는 그날을 나는 기다린다.

    죄라는 나의 다른 시계 속에서 나는 미루고 있다,
    결코 준비되지는 않겠지만, 내가 준비될 때까지,
    하루를 온전히 살기를, 하나님 나라 꿈이 실현되기를
    미룬다. 나는 너무 오래 밥그릇에 매여 살았다.

메시아적 리듬을 한결같이 유지하는
바다의 조수와 여인의 피는 헤아린다,

    깊은 바다를 부르는 깊은 바다를.* 그리고 낳는다,
    겨울을 난 이 땅에 씨가 뿌려진 세월들과 은혜를.

주기적으로 반복되는 달에 맞춰진,
자궁보다 시간을 더 잘 지키는 것은 없다.

초
Candle

어둠 속을 걷던 사람들이
  큰 빛을 보았다.
깊은 어둠의 땅에 거하던 이들에게
  빛이 비치었다. _이사야 9장 2절

초가 없는 촛대들과 기름 없는 램프들,
어리석은 처녀들이 버리고 간 이것들은
빛을 간직하며 기다리기에는 너무나 성급했던
그녀들이 실패한 경계와 놓쳐 버린 도착과
한밤중에 일어났을지도 모를 일의 단서들.

    심지와 밀랍이 촛농을 흘리며 저항하고,
    연약하나 반항적인 불꽃은 은하 너머
    신조차도 없는 공허에서 나와서 형체 없이 이름 없이
    몰아치는 악마적인 공포들에 맞선다.

그때 어둠 깊은 곳에서 지혜로운 신자들이 품어 온 불들이
이 어두워진 세상에서 더듬더듬 길 찾는 모든 버림 받은 이들을,
상하고 비틀거리는 그들을 비추어 놀라게 한다.

    갑작스러운 눈부신 빛이 각 사람의 머리에 후광을 비춘다.
    폭풍에 여과된 햇살이 지옥같이 어두운 황폐함을
    찾아내어 섬멸하니, 나는 본다, 나는 본다.

봉헌
Offertory

다시스와 섬들의 왕들이 그에게 조공을 바치게 하소서,
　스바와 시바의 왕들이 예물을 가져 오게 하소서.
…… 그가 오래 살게 하시고, 스바의 금을 그에게 바치게 하소서!
　_시편 72편 10, 15절

공짜 점심이 없는 세상에서 자라나
선물도 거래를 위해 사용하도록 배워 온 나는
내 남은 인생 동안 아무런 조건 없는 이 선물을
받으며 살아가지만, 그리 잘 하지는 못한다.

　　목욕 가운 아래 청바지와 스니커즈가 드러나 보이는
　　동방박사 세 사람이 무릎을 꿇고 예물을 드린다.
　　우리 중 그 누구도 아직 드릴 준비가 되지 않은
　　예물들을 상징하는 예물들을.

우리 중 몇은 뒤에 남아, 촛불을 끄고,
짚을 쓸어 담고, 마굿간 장식을 창고에 넣는다.

　　우리는 세상의 밤을 향해 문을 연다.
　　그리고 우리가 자신으로 연기하여 더 나은

공연이 되었음을 깨닫는다. 우리는 주머니에 남은 잔돈을
　가지고 떠난다,

봉헌 시간에 하나님 나라 금으로 변화된(changed) 잔돈을(change).

전쟁
War

그 용이 막 아이를 낳으려는 여자 앞에 서서 그 여자의 아이를 삼키려
하였다. …… 그때, 하늘에서 전쟁이 일어났다. _요한계시록 12장 4, 7절

이 탄생은 전쟁의 신호. 연인들이 다투고,
친구들이 갈라서고, 펀치 잔을 부딪치던 즐거운
건배는 용들의 입안으로 삼켜진다.
엄마와 아기는 이 악마의 밤에서 살아남을 수 있을까?

    나는 혼잡한 삶 속에서 내 몫의 싸움을 해내었다.
    부엌 말다툼, 놀이터 주먹다짐,
    천사의 합창단에도 예외 없이 거친 이들이 있다.
    그러던 어느날 나는 그 싸움이 우주적임을 알았다.

휴전. 내가 손에 든 무기를 내려 놓으니, 내 손은
선물로 채워진다 — 야생이면서 사육된, 실제이면서 박제된

    사자와 어린양이 뛰놀고, 소들이 음메 울고,
    이 아기가 축제의 동력을 낳는다. 까마귀 한 마리가

까악까악 울며 샬롬의 새하얌을 향해 저항하지만,
그것은 밝음에 맞서는 사탄의 공허한 엄포일 뿐이다.

찬양대
Choir

가장 높은 곳에서 하나님께 영광,
땅 위에서는 그가 기뻐하시는 이들에게 평화 _누가복음 2장 14절

조율되지 않은 채, 내 발걸음은 쳐지고 말씨는 날카로워,
걷고 말하는 불협화음, 제 상태가 아닌,
내 심장의 잡음은 검사 결과지에 기록된다.
내 두 귀 사이의 소음은 노래로 불릴 수 없다.

    기분 상한 채로 나는, 좀처럼 기뻐하지 못하는 사람들,
    곧 자신들의 투박한 부르주아 영혼을 강인한 로마 코를 가진
    예리한 그리스 정신과 바꾸길 원하는 사람들의 대열에
      합류하지만
    이내 우리가 있는 곳이 마구간 가장자리임을 발견하고 놀란다.

캐럴을 부르는 천사들과 매우 기뻐하시는 하나님께서
소와 양과 개의 찬양대에 합류한다,

    이곳, 소원과 선물 사이의 마구간 마당 경계에서.
    나는 이제 막 태어난 육체를, 이제 내 것인 그 몸을 살짝 본다.

그들은 찬양 소리를 높이고 기쁨을 십이 음계로 부른다,
나의 근육 속으로, 나의 뼈 속으로.

인사
Greetings

기뻐하세요, 은총을 받은 이여, 주님이 그대와 함께 계십니다!
_누가복음 1장 28절

나의 우편배달부는 공무원으로 임명받아,
빨강과 파랑 테두리로 장식된, 날개는 없지만
바퀴는 달린, 뭉뚝하고 하얀 트럭을 몰고서
해마다 대림절이면 복음을 배달한다.

    개버딘 제복을 입은 이 가브리엘은,
    빛나는 원조의 미소 없는 후손으로,
    인사들로 가득한 짐을 지고서 무표정하지만
    정확하다. 매일 아침 열 시의 수태 고지.

처음에는 하루에 한 장, 두 장, 또는 세 장이지만
둘째 주가 되면 탄력이 붙어
나의 우편함은 가득 찬다. 각각의 카드들은

    단돈 이십이 센트에 영광이라는 우표가 붙여진 채
    하나님이 여기 우리와 함께 계신다는 소식을
    주소가 손글씨로 직접 적힌 제1종 우편으로 가져온다.

잔치
Feast

전능하신 분이 나를 위해 위대한 일을 행하셨네⋯⋯
굶주린 이들을 좋은 것으로 채우셨네. _누가복음 1장 49, 53절

젖이 가득한 가슴이 복을 흘려보내니, 이 아이는
충만함 속에 고요해진다, 고통을 지나. 엘 샤다이가*
나를 위해 위대한 일을 행하셨다. 땅이 하늘을
젖먹인다, 그랜드 티턴의** 산비탈에서.

    어른이 된 그는 아침을 차리고, 빵을 떼어,
    떠돌아다니는 주인으로 친구들과 잔치를 열었다.
    젖을 먹고 자란 그의 뼈는 부러지지 않은 채
    아리마대 사람의 무덤 깊은 곳에 묻혔다.

세상은 허기를 키워 왔고
그가 차린 식탁으로 달려 온다.
단단한 고기, 향이 풍부한 포도주.

    겨울 산에서 나의 친구들과 함께 잔을
    마시며, 나는 한 번 더 먹기 위해 매주가 돌아오듯
    자주 돌아간다. 오래도록 마셔라! 다 마셔라!

우표
Stamp

그분은 하나님의 영광을 비추시고
하나님의 본성의 바로 그 인장(stamp)을 지니고 계십니다.
_히브리서 1장 3절

구멍 난 가장자리를 따라 그림을 뜯고,
접착제에 침을 발라, 봉투에 담긴 메시지에
가로질러 누른다. 그러면 그것은 마법 양탄자를 타고
하늘을 날아 산을 넘고 바다를 건너

    온 세상으로 가서, 소인(消印)이 찍힌
    예언이 되어 사랑을 입증한다.
    하늘로부터 내려와 기다리는 모든 우편함에
    속달로 배달된 사랑을.

우표 수집가가 되어라. 주목하고, 모으고,
에스겔의 생명책 속으로 영광을 흘려보내는
얇은 종이 천사들을* 붙여 보내라.

    우표를 수집하는 증인들은 보여 준다,
    품팔이하는 카이사르를, 기억 상실에 걸린 인생들 속에
    그분의 본성을 도장 찍어, 우리의 말없는 기다림을 지우는.

자궁
Womb

보세요, 그대는 자궁에 아이를 가지게 될 것입니다……
성령님이 그대 위에 내려오시고
가장 높으신 분의 능력이 그대를 덮을 겁니다. _누가복음 1장 31, 35절

포장된 하나님을 하나 사라. 그리고 하나 더
그리고 하나 더 그리고 하나 더 — 이 신은
신이 없는 모든 친구를 위한 것, 누구에게나 딱 맞고
사랑의 번거로움 없이 좋다고 인증된 것.

    깨끗이 비워진 자궁들은 마트 할인 때 채워지기에
    적합하다. 계절의 정수를 할인가에
    잡으라, 제조된 기쁨을 사라,
    울음소리나 난장판에도 놀라지 않으리라고 보증된
      기쁨을.

하지만 그대의 배 속에 바람이 거세게 불 때, 그 폭풍의
영, 곧 거룩한 천상의 영이 부풀기 시작할 때
거대하게 임신한 그대는 포장된 상자들을 떨어뜨려라.

    그대 안에서 발로 차고, 춤추는 하나님을 느껴 보라,
    그리고 그분이 그대 안에서 그리스도 모양으로 자라게 하라.
    계통 발생은 개체 발생을 되풀이한다.*

질문
Question

저는 남편이 없는데, 이것이 어떻게 가능하겠어요?
_누가복음 1장 34절

불가능한 가능성(아니면
가능한 불가능성?)이 물음표를
내 삶 위에 던진다. 나는 죽음과 약혼한 것일까?
아니면 생명과 약혼한 것일까? 나는 자궁인 것일까?

    내 성(性)은 조용히 액체를 분비한다.
    내 몸은 질문들의 웅덩이로 차오른다.
    이 물이 나를 익사시킬까, 아니면 세례를 줄까?
    나는 사해일까, 아니면 요단강일까?

더 나은 죽음의 혜택을 위해 하나님과
흥정하다가 (나는 그것이 사람이 하나님과 하는 일이라
생각했다) 내 걸음이 멈춰 선다.

    나는 내 안에 신비를 원하는 것일까?
    이 생명이 내 생명을 소진할까?
    나는 내 생명과 사랑을 나눌 준비가 된 것일까?

새벽

Dawn

높은 곳으로부터 우리에게 새벽이 밝아 와
어둠 속에 앉아 있는 이들에게 빛을 비출 것이다.
_누가복음 1장 78-79절

눈물을 흘리며, 우리는 가을 낙엽 속을
터벅터벅 걸었다. 잃어버린 것들을 되짚고,
죽은 이들을 헤아리며, 그 옛날 좋았던 시절을
회상하다가 그 모두가 영원히 가 버린 걸 알았다.

  우리는 표시 없는 문에 다가가 두드렸다.
  한 목소리가 외쳤다, 열어라. 우리가 열자 빛이
  우리의 빙하 시대 침묵과 강철 날씨를
  가로질러 흘렀다. 빛의 혀는

서스쿼해나 강을* 따라 흐르며, 우리가
애통하는 죽은 이들을 아침 빛으로 바꿔 놓고

  머낭거힐러 강을** 따라 내려가며, 우리의
  희생된 사랑들을 새벽 선물들로 일으키며

엘러게니 강을♦ 따라 올라가며, 우리의 신실한 친구들을
빛의 호로 된 무지개가 되게 한다.

이집트

Egypt

일어나라. 아이와 그의 엄마를 데리고
  이집트로 도망가라. _마태복음 2장 13절

떠나라는 천사의 말은 아주 분명했지만
쉬운 일은 아니었을 것이다 — 셋방에서의
그 모든 시간이. 적어도 우리에게는
쉽지 않았다. 이집트는 안전했지만 집은 아니었다.

  그 길을 가면서, 당신은 얼마나 많은 무너진
  제단을 발견하고는, 다시 쌓고 제물을 드렸는가?
  아마도 아브라함의 것들 중 몇 개일까? 거기에 엘리야가
  목숨을 구하려고 달아나다 남긴 돌무더기도 있었을까?

까마귀들의 날개에 반짝이는 햇빛도 보았는가?
가망없는 장소들에서 지켜진 약속들. 그리고 마침내

  상황 해제. 고국의 숲과 물들로 돌아가는
  안전한 여행길, 첫 환시들의 나라,

평범함 속에 감추어진,
거룩한 그리고 마을의 일상 속에 숨겨진.

메시지
Message

높은 산으로 올라가라, 시온, 너에게 메시지가 맡겨졌다!
외쳐라, 오 예루살렘, 목청을 높여라, 너에게 메시지가 맡겨졌다!
담대하게, 두려움 없이, 유다의 도시들에 외쳐라,
"보라, 들어라! 하나님이 여기 계신다, 지금!" _이사야 40장 9절

긴 등반이었다, 산 정상까지 오르는.
우회와 휴식을 위한 멈춤을 포함해서 모두
삼십오 년. 친구들과 가족들과 함께한
삼십오 년, 오르고, 오르고, 또 올랐다.

    자갈 비탈과 오리나무 덤불을 지나
    우리의 길을 걸을 때, 일요일은 등산로 표지였다.
    우리는 허클베리를 따며, 개척 등반가들의 일기와 편지에서
    고지대 언어를 배우며 걸었다.

정상은 갑자기 나타났다, 우리가 숨을 고를 때
발밑으로 산맥이 산맥과 이어지며 펼쳐졌다.

    경이로움에 말을 잃은 채, 우린 소리 없는 찬양으로
    전나무와 사스커툰과* 함께 합창했다.

모든 산은 설교단, 이곳에서 메시지가 선포된다,
"여기! 오, 그분이 여기 계시다! 보라! 들으라!"

빛들
Lights

여러분에게 좋은 선물들은 모두
  하늘로부터 내려옵니다.
그 선물들은 빛의 아버지에게서
  폭포처럼 쏟아져 내리는 빛의 강들입니다. _야고보서 1장 17절

나는 선물 하나 또는 둘을 바라면서
소원 목록을 가지고 나타나, 빛과 선물들이
풍성한 파티로 걸어 들어갔다.
부모들과 손주들에게서 나오는 빛,

    배우자와 자녀들, 형제들과 재매들,
    연인들과 친구들에게서, 곧 빛의 아버지에게서
    나오는 빛 — 이 빛의 선물들은
    얼굴들과 하늘에서 강물처럼 흘러나와

나의 발걸음을 가볍게, 마음을 가볍게 만든다.
이 아담의 이콘들, 하와의 이콘들에게서
맥박 치며 흘러나오는 주님의 아름다움.

    동쪽에서 오는 빛, 서쪽에서 오는 빛,
    겨울 빛과 여름 빛.
    우리는 빛 안에서 사랑하고 일하고 죽는다.

임신
Pregnancy

나의 어린 자녀들이여,
  그대들과 함께 내가 다시 해산하는 수고를 합니다,
그리스도가 그대들 안에 형성되기까지! _갈라디아서 4장 19절

내 부모님의 기도로 잉태하여
나는 아이로 배가 부른 채, 수줍게 기다린다,
겉보다 속이 더 큰 신비 속에서.
눈에 띨까? 누군가 알아챌까?

    내 삶의 어두운 내면은
    빛으로 커져 가고, 구주의 최초의 윤곽이
    모양을 갖춘다. 난 느낀다,
    기쁨의 발길질을, 은혜의 춤을.

정해진 날을 기다리는 다른 이들,
관절염에 걸린 팔십 대들과 호리호리한
처녀들을 만나, 성스러운 그늘에서 조용히

    무릎을 꿇고서, 우리는 창조 세계의
    신음 소리를 듣고, 진통의 시간을 잰다. 그리고 알게 된다,
    우리는 곧, 우리가 알려진 것처럼 알게 되리라는 것을.

영광
Glogy

말씀이 살과 피가 되셔서
  동네로 이사 오셨다.
우리는 그 영광을 우리 두 눈으로 보았다,
  세상에 단 하나뿐인 그 영광을,
아버지처럼, 아들처럼,
  안팎으로 온전히 너그러우시며,
처음부터 끝까지 참되신. _요한복음 1장 14절

육십 년 전 나는 이곳에서 소년이었다.
이제 옛 동네를 차로 지나가면서
우리가 마른 소똥으로 골대와 베이스를
표시해 두고 놀던 목초지가

    모두 포장된 것을 발견한다. 민들레와
    미나리아재비가 하얀 차선 아래
    납작해지고, 암송아지의 달콤한 향은
    매연 속으로 사라졌다. 모든 것이 변했다.

그러나 아무것도 변하지 않았다. 하늘은 여전히 드넓고,
작은 언덕들은 높은 산의 봉우리를 향해 서서히
올라가고 있으며, 내가 네 살일 때 이미 거대했던

    더글라스 전나무 한 그루는 여전히 거대하다.

난 그 나무 아래에서 처음 '그 이야기'를 들었다 —
그 영광을 보았다. 그 이야기가 곧 그 영광이다. 쉐키나.*

묵상
Meditation

마리아는 이 모든 것을 붙잡아
내면 깊은 곳에 소중하게 간직하였다. _누가복음 2장 19절

메시지들이 쌓여 간다. 전부는 아니지만 몇몇은
천사들이 보낸 것들, 인편으로, 우편으로, 팩스로.
낱낱의 고지는 나를 더 깊이 끌어 당긴다,
섭리가 일하나 어둠으로 그늘진 신비 속으로.

    난 오는 이와 가는 이를 모두 살펴본다,
    출생 소식과 부고,
    요람에서의 울음, 십자가에서의 울음.
    출생과 장례가 거의 균형을 이룬다.

그리고 난 묵상의 자궁,
새로운 현존 하나하나, 신선한 부재 하나하나를
분해하고 합성시켜 영혼의 노래로 변화시킨다.

    그들을 붙잡으라 — 오, 붙잡으라! — 모든 아기들,
    모든 장례들을, 노래들과 한숨들이
    서서히 나아가 예수님 찬송이 되는 동안.

귀가
Homecoming

자, 목마른 자들아
  모두 물가로 오라.
그리고 돈 없는 자도,
  오라, 돈 없이 값 없이
포도주와 우유를 사라. _이사야 55장 1절

나는 간다. 모태에서부터 나는
이 길을 걸어가고 있다. 하지만 떠나는 것은 어렵다,
지갑과 여권을 꺼내 주머니를 비우고,
밝은 빛들을 남겨 두고, 풍경들을 남겨 두고.

    대림 전의 낙엽송들이 그 길을 보여 준다.
    초록빛에서 금빛으로 터져 나와,
    집으로 가는 길을 표시하는 불길로 타오르며,
    바늘잎 하나하나 내려놓아 금빛 양탄자를 깐다.

나는 침엽수들 사이에서 자라났다,
상록의 전나무와 소나무와 가문비나무.
낙엽송들은 해마다 찾아오는 놀라움이다,

    겨울 빛을 향해 숲을 열며,
    더 적은 것이 더 많은 삶으로 초대한다.
    나는 움켜쥔 손을 풀고, 걸음을 늦추며, 집으로 간다.

이야기
Story

나는 세상 모든 사람을 위한
  위대하고 기쁜 소식을 알리기 위해서 여기에 왔습니다.
구주가 지금 막 다윗의 마을에 태어나셨습니다.
  그는 메시아이시며 주님이십니다. _누가복음 2장 10-11절

처녀와 천사는 우리보다 먼저
시작했다, 앨라배마와 몬태나에서.
우리는 세상을 만드는 그 이야기를
우리의 근육과 신경과 뼛속에 새겨 넣었다.

    우리는 아이들을 낳았고 부모들을 묻었다.
    그 이야기는 우리 이야기들을 그 속에 품었고,
    요람과 십자가가 플롯을 만들어 줄 때 우리는
    우리 이야기들이 기적과 의미로 부풀어 오르는 것을
      보았다.

새벽녘에 우리는 동네의 느보 산에 올라
태양이 산속 물줄기에 빛을 비추는 것을 본다
물은 우리 아래 골짜기에서 강이 되어 흐르고, 웅덩이를 이룬다

    그리고 빛은 마을과 숲과 도로에도 비친다.
    이것은 우리 구원의 지리. 완성된 이야기와
    아직 완성되지 않은 이야기.

고요
Quiet

돌아와 쉼으로 너희는 구원을 얻고,
고요와 신뢰로 너희 힘을 얻으리라. _이사야 30장 15절

가장 최근에 우리에게 온 손님, 흔한 아비새 한 마리,
예고 없이 이 겨울에 찾아와
선물을 가지고 — 손님들은 그렇게 하지,
선물을 가져와 — 마음과 집을 채운다

    아름다움으로. 야생적이며, 붙잡기 어렵고, 매끈하며,
    물속 낮은 곳을 다니는 이 관상적인
    아비새는 현재에 충실하되 초연한 삶의 이콘.
    나는 그가 하늘을 나는 모습을 거의 보지 못했다

하지만 그는 날 수 있다. 이 아비새는 잠수한다,
오래 그리고 깊이. 그저 수면 위의
새가 아니라, 깊은 곳을 향해 간다. 그가 잠수할 때,

    나는 그가 기도한다고 생각한다, 깊은 물속에서
    그와 우리를 살아 있게 하는 것을 찾으면서,
    은혜 그리고 고요, 그분의 현존으로 떠오르는.

테러
Terror

헤롯은 …… 벌컥 화를 내며 명령했다,
베들레헴과 그 둘레 언덕 마을들에 사는
두 살 이하의 남자아이들을 모조리 죽이라고.
_마태복음 2장 16절

만약 터가 무너지면
의인들이 무엇을 할 수 있겠는가?
_시편 11편 3절

적어도 올해만큼은 거룩한 날에서
어리석음이 사라진다, 모든 나무에서 성탄 장식이 벗겨지듯.
그리스도의 요람은 피에 젖고,
목자들과 동방박사들이 연기에 질식한다.

    그러나 심지어 헤롯이 헤드라인을 차지하고
    리워야단이 불을 내뿜으며, 베헤못이 날뛰는 동안에도*
    우리가 예배하는 이 아이는 잔해 속에서 살아 있다.
    "그리고 만약 터가 무너진다면……?"

지난 주 나는 올 크릭(Ole Creek)을 따라 걸으며
거대한 미루나무를 지나쳤다, 그 거친
가을 폭풍 속에서 번개에 맞아 ― 갈라졌지만

숨겨진 뿌리로 여전히 꼿꼿이 서 있는.
"올라가는 길과 내려가는 길은 같은 길이다."**
악(evil)은 삶(live)을 거꾸로 쓴 것이다.

눈
Snow

그는 눈을 양털같이 뿌리시고,
   그는 서리를 재같이 흩으시며,
그는 우박을 새모이같이 내리시니 —
   그 누가 그의 겨울에서 살아남을 수 있을까?
그 후에 그가 명령을 내리시니 그것이 모든 것을 녹이고,
   그가 겨울을 향해 숨을 내쉬니 — 갑자기 봄이 되었다.
_시편 147편 16-18절

김이 빠지면서 또 한 해가
식어 간다, 사시나무와 낙엽송을 붙잡고 있던
손을 펼쳐 나뭇잎들과 솔잎들을 떨어뜨리며
그들에게 돌아가라 명령한다, 흙에서 흙으로.

   그리고 이제 쌓이는 눈더미 선물,
   바람이 조각한 아름다움. 차가운 위로는
   (그분의 선물이 모두 다 포근한 것은 아니다)
   엄숙한 비움의 계절 입구로 우리를

초대한다. "내 손에 아무것도
가져오지 않았다." 칠십 대의 관절은
눈 덮인 추위 속에서 뻣뻣해진다. 얼어붙은 채

   지는 해 속에서 우리는 눈을 가늘게 뜨고

좁은 문을 통해 본다, 타오르는 촛불을.
우리는 잔을 들어 올린다, *르하임*,* "생명을 위하여!"

조상들

Ancestors

...... 예수 그리스도의 계보라 ......
암미나답은 나손을 낳고 ......
보아스는 룻에게서 오벳을 낳고 ......
여호사밧은 요람을 낳고 ...... _마태복음 1장 1, 4-5, 8절

우리는 조상들을 찾아 노르웨이와
스웨덴을 다녔다. 사람들의 몸과 얼굴에서
어린 시절부터 친숙한 모습들을 보았고, 미국에서는
그 억양을 잃어버린 말의 원래 음악을 들었다.

    그러나 이름은 없었다, 사촌도, 삼촌도, 고모도.
    모든 가계도가 요툰하이멘* 산맥에서 침식되었다.
    선사 시대 빙하들이 양옆으로 늘어선 길을 따라
    단서를 찾아 그곳을 걸었다.

우리는 새로운 땅에서 후손을
낳았다 — 딸 하나와 아들 둘을 시작으로.
혈통이 이어진다. 우리는 흔적을 찾는다,

    오래된 유전자들이 여전히 남아 있다는.
    여기에 암미나답의 코, 룻의 높은 광대뼈가,
    저기에는 여호사밧의 턱이 — 그리고 예수님이?

침묵
Silence

…… 그러나 그는 입을 열지 않았다.
_이사야 53장 7절

유혹은 언제나 말을 너무 많이 하는 것에 있다,
그분의 말하지 않음을 반짝이로 장식된 말과
싸구려 선율로 메우려 한다.
천사의 영광이 어둑어둑해지고

    열광적인 호산나의 메아리가 사라져 가자
    불안해진 우리는 복음주의의 웃음으로 현혹하고,
    의심을 귀먹게 하려고 간절함의 앰프를 증폭시키다가,
    동트기 전 침묵의 강보에 싸인 동정녀의

탄생을 놓치고 만다. 침묵만이 유일하게 적합한
자궁, 충분히 두꺼워서 악마의 소음을
차단하고 경청의 생명을 보호한다.

    침묵, 오직 침묵만이, 이 씨앗에 알맞은
    부엽토. 소리를 없애는 죽음의 껍질을 뚫고
    부활로 터져나오게 한다.

아름다움
Beauty

그에게는 우리의 시선을 사로잡을 만한 생김새나 준수함도,
우리가 사모할 만한 아름다움도 없었다.
_이사야 53장 2절

훅 날아온 향기. 아름다움을 찾는 비글처럼 나는
모네의 건초더미, 반 고흐의 해바라기 냄새를 킁킁대고,
마릴린의 가슴을 경건하게 묵상하고,
물총새들을 바라보았다 ― 자취를 놓쳐 버렸다.

    나병환자의 상처에 입맞추라, 꿀을 맛보라.
    맹인의 눈을 만져라, 점자를 배우라.
    요람 곁에서 밤을 지새우라, 기저귀를 갈아주라.
    성배에서 눈물을 마셔라, 성찬을 살아내라.

우연히 발견된 것들, 도랑에서 발견된,
십자가 위에서 발견된, 돌 아래서 발견된,

    바스락거리는 풀 속에서 듣고,
    더듬대며 '사박다니'를* 말하는 혀에서 들린.

내가 찾지 않을 때 발견된, 내가
귀기울이지 않을 때 들린. 발견된 아름다움.

환대
Hospitality

…… 여관에는 그들을 위한 방이 없었다.
_누가복음 2장 7절

아낌 없이 환대를 베풀라.
_베드로전서 4장 9절

베네딕트는 우리에게 잘 가르쳐 주었다, 모든 손님을
그리스도처럼 맞이하라고. 종이 울리고, 문이
열린다. 몇몇 예기치 못한 이들, 그리고 몇몇, 그래,
반갑지 않은 이들. 우리의 방명록에는 사진들이 넘쳐 흐른다.

    학대받는 그리스도, 바보 같은 그리스도,
    시무룩한 그리스도, 웃고 있는 그리스도,
    화난 그리스도, 질투하는 그리스도,
    당황한 그리스도, 목발 짚은 그리스도.

그 옛날 복음서 기자들처럼 우리는 기도하고
손님들의 이름 뒤에 남겨진 것들을 회상한다 —
브래지어 하나, 양말 한 짝, 갈겨쓴 감사 인사 —

    그리고 그것들이 이야기로 자라도록 놓아둔다. 때로는
    서두르지 않는 시간이 필요하다. 그러고 나면,
    마침내 나타난다. 부재가 그분의 현존이 된다. 부활.

어니 삼촌*
Uncle Ernie

숲에서 나무 한 그루가 잘린다.
…… 사람들이 그것을 은과 금으로 장식한다.
_예레미야 10장 3-4절

어니 삼촌은 하나님을 믿지 않았다.
적어도 그는 그렇게 말했다. 그러나 그는 항상
크리스마스가 되면 교회에 갔다. 나는 그것이
그의 무신론을 심각하게 손상시킨다고 생각했다. 때는

  1937년, 그해 우리집에는 크리스마스
  트리가 없었다. 삼촌은 저녁을 먹으러 와서, 주위를
  둘러보고는 고함쳤다, "이비"(나의 어머니다)
  "트리가 어디 있지? 크리스마스를 트리 없이

보낼 수는 없잖아!" "올해는 트리가 없어, 오빠.
예수님뿐이야." 어머니는 잘려서 방울과 반짝이로
장식된 나무에 대한 예레미야의 말을 인용했다. 어머니의

  불경함에 충격받은 삼촌은 루테피스크로** 가득한
   입으로
  투덜거렸다. "젠장, 젠장, 젠장, 젠장"
  식사 시간 내내. 이듬해 트리는 돌아왔다.

제단
Alter

또 다른 천사가 금향로를 가지고 와서 제단 곁에 섰다. 그는 많은 양의 향을 받았는데, 그것은 모든 성도의 기도와 함께 금제단 위에 드리기 위한 것이었다 …… 그런 다음 그 천사가 제단에서 …… 금향로를 가져와 땅 위에 던지니 그곳에 천둥소리가 울렸다. _요한계시록 8장 3-5절

어제 안식일 산책길에
우리는 동네 비스가 산에 올라가 바라보았다,
이제 우리의 약속의 땅이자 고향인 "온 땅"을.*
우리는 오래된 더글러스 전나무** 그루터기를

> 지나갔다, 지금은 돌아가신 내 어머니께서
> 기도 산책 중에 종종 제단으로 사용하시던 그곳을
> (언젠가 세어 보니 나이테가 220개였다).
> 우리는 고통의 짐을 지고 있었다. 우리는 쉬었다가,

정상으로 올라가서, 창자가 끊어지는
고통에서 나온 기도들을 산 위의 금 제단에

> 올려 두고, 구원의 나라를 조망하였다.
> 그리고 눈물로 분향된 기도들을 던졌다,

이 땅의 모든 배반당한 무고한 영혼들을 위해
힘을 다해 들어 던졌다. — 그리고 천둥소리를 기다렸다.

예와 아멘과 예수님
Yes and Amen and Jesus

하나님이 약속하신 것은 무엇이든지
  예수님의 '예'라는 인장을 받습니다.
그분 안에서, 이것이 우리가 설교하고 기도하는 것입니다,
  위대한 아멘이, 하나님의 예와 우리의 예가 함께,
영광스럽게 나타납니다. 하나님이 우리를 확증하시며,
  그리스도 안에서 확실한 존재로 만드시고,
그분의 '예'를 우리 안에 두십니다.
_고린도후서 1장 20-22절

우리는 일생을 기념한다 — 이제
여든 해를 향해 가는 '예'와
'아멘'의 세월을. 모두가 초록 달걀과 햄은*
아니었지만 대부분이 예와 아멘과 예수님이었다.

    세 자녀, 여섯 손주,
    신실한 친구들, 존경받는 일,
    좋은 말들, 응답받은 사랑,
    거룩한 사람들, 성스러운 땅.

여러 해 전 우리는 7톤의
거석을 세웠다, 게셀에 세워진
청동기 시대 거석처럼** 조용하고 무게 있는 증언을.

이곳을 보이지 않는 것들의 증거로
표시해 두기 위해, 우리가 날마다
이 '예'와 '아멘'과 '예수님' 세상을 지나가는 동안에.

푸른
Green

그들은 늙어서도 여전히 열매를 맺고,
　그들은 늘 수액이 가득하며 푸르다.
_시편 92편 14절

우리가 젊을 때 존경한 한 시인은
(우리는 신혼여행 때 그를 읽었다)
충고했다, "저 좋은 밤 속으로 순순히
들어가지 말라"고.* 아니다. 우리는 **원한다**

　　순순히 들어가기를, 안식의 쉼을 품기를.
　　우리를 위한 새로운 나라 — 올라야 할 산
　　대신 거닐 수 있는 골짜기들이,
　　점심 후의 낮잠 전례가 있는 곳.

"늙어서도 열매를?" "수액과 푸름?"
아드레날린은 줄고, 사랑은 늘고.
말들(words)은 꽃눈처럼 부풀어 올라

　　이제 곧 잎으로 터져 나오려 하고, 잔잔해진
　　호수는 찰랑이며 떠내려 가는 나무를 감싸니,
　　회색 위의 푸름이라. 그리고 아비새가 나팔을 분다.

친구들
Friends

나는 그대들을 친구라 부른다.
_예수(요한복음 15장 15절)

얇은 빙판 위에서 스케이트를 타는 건 언제나
나의 장기였고, 필기체 숫자
8을 그리는 건 나의 특기였다. 나는 결코
발가락을 부딪혀 다친 적도 없었고, 결코

> 굴욕을 삼킨 적도 없었다, 네 잎 클로버가
> 아일랜드의 행운으로 내 길을 따라 줄지어 섰다.
> 안온한 삶이었다, 야만인들이 성문을 급습하여
> 예수의 이름으로 증오를 뿜어낼 때까지는.

그때 목소리들이, 그러나 이번엔 아름다운 멜로디가,
열린 창문을 통해 거리에서 올라왔다.
아이들이 노래하는 "아미고스 데 크리스토",

> "우리는 주님의 친구들, 아미고스
> 데 크리스토, 우리는 주님의 친구들."*
> 예수, 그 얼마나 좋은 친구인지.**

3부

매끄러운 돌들

(특별한 때에 지은 시들)

매끄러운 돌들
Smooth Stones

다윗은…… 개울에서 매끄러운 돌 다섯 개를 골랐다.
_사무엘상 17장 40절

특이한 모양의 조약돌들이 구르다
바위에 부딪혀 주위를 뒹구니
바위가 그것들을 매끄럽게 하여 다섯 개의 매끄러운
돌들이 된다
그중 하나가
거인을 죽일 것이다.

아기 트뤼그베를 위한 축복 기도

A Prayer of Blessing for Trygve the New

(트뤼그베 데이비드 존슨 주니어, 2009년 8월 11일생)

축복하소서, 하나님, 아기 트뤼그베를,
    정확하고 적절한 비유들로.

그 아버지의 화살통에 든 화살,
    그 어머니의 식탁을 두른 올리브나무 새싹,

그 부모의 기운이 맺은 첫 열매, 첫 아이,
    배들의 항구, 사자 새끼,

무성한 가지, 샘 곁의 무성한 가지,
    그의 가지들은 담을 넘고,

하나님의 손바닥에 새겨진 그 이름,
    산 위에 있는 아름다운 그 발.

    아멘.

애서티그 섬
Assateague Island

주님의 모든 파도와 큰 물결이
  제 위로 지나갔습니다.
_시편 42편 7절

쌍볏가마우지 한 마리,
    거대한 오리, 초록 위의
검정, 치명적인 큰 물결 위
    6-7인치 공기를 쿠션 삼아
날갯짓하며 젖은 파도 골짜기를
    재빠르게 지나간다.

새 아래로는 물이 모이고 높이 솟구쳐
    만다라 곡선을 그리고, 만트라 성가 속에서
부서지고, 해변을 따라 미끄러져 내려
    깊음 속으로 들어간다, 물보라가
거대한 소금 안에서 다시 모이는 그곳,
    큰 물결을 만드는 자궁으로.

힘들이지 않는 우아함!
    거룩한 야생!

우리는 어제 해변을 따라 9마일을
    걸었다. 그리고 바다의
리듬을 — 맥박을 조절하는 파도와

조수를 만드는 달을 ― 우리 안에 들였다.
이 오래된 심장 박동기에 의해 느려진
　우리 가슴은 목말랐다. 우린 하나님을 마셨다.

봄의 나사로

Lazaus in Spring

혈근초의 발화는, 엉겨 붙은
참나무 잎사귀들과 솔잎들의
삼베 수의 아래에서
얼굴 붉히며 나오는 꽃은,
놀랍지 않은 놀라움이다
나사로가 걸어 나올 때처럼.

개들을 조심하라(카베 카넴)
Beware the Dogs (*Cave Canem*)*

빌립보서 3장 2절

거꾸로 쓴 하나님(God)은 길들여진,
긴 산책길의 동반자,
한밤 난롯가의 친구.

너무 거친 세상에서
내가 돌아올 때마다
꼬리 흔들며 맞아 준다.

지나간 도전, 나는 전능자 —
사랑받고 순종받으며, 아늑함에 싸여
발받침대 위에 왕으로 앉아 있다.

기도 시간
Prayer Time

내게는 응답받은
또는 응답받지 않은
기도가 결코 없었다.

깨끗해지거나
어두워지거나,
맥박이 빨라지거나
걸음이 느려졌을 뿐,

얻는 것이 아니라
하나님께
들어가는 것.

    거기에 있는 것.

중보 기도

Intercessory Prayer

사마귀(praying mantis)야
나를 위해 기도해 주렴.

나는 너의 곤충
중보가 필요하단다.

네가 소리 내는 걸
난 들어 본 적이 없지만,

그래도 난 너의
고요하고 작은 목소리가

나를 위해 기도해 주길 바란단다.

아론의 수염

Aaron's Beard

…… 수염으로 흘러내려
아론의 수염 위로 ……
_시편 133편 2절

아론의 축복이
내 붉은 수염으로 흘러내린다
햇살의 온기를
그윽한 기름 속에 굴절시켜
     풀어 내보낸다
아이러니한 저주
완고한 녹의 얼룩
부식시키는 불신
냉소의 찌꺼기들을.

사순절
Lent

창백한 겨울 태양이
차가운 따스함을
얼어붙은 내 마음 위에 비스듬히 비추며
미래의 해빙을 약속한다.

네 마리 말이 죄의 뜨거운
우박 폭풍 속을 내달리며
나의 회칠한 무덤 위에
종말의 빛깔들을 끼얹는다.

세례의 비가 꽃봉우리를
터뜨리는 관목들과 나무들을
묘지의 겨울에서
부활의 봄으로 놓아 보낸다.

카리스마적인 빛깔들이 대지를 차지하고
열매 맺힌 가지마다 향로를 흔들이
찬양의 향기를
공중에 띄워 보낸다.

지옥
Hell

축 늘어지고 이 빠진 정신들이 잇몸 드러내고 웃으며
땅거미가 지는 죄의 목 위에 놓인
악마의 이중턱을 드러내 보인다.

흑담비 모피를 두른 물병자리 유령들은
동쪽 마구간들을 비틀거리며 돌아다니고
버려진 우화들을 새로 고쳐 쓴다.

먹물 같은 웅덩이들 속 아메바 같은 물은
연장들의 쓰레기 더미를 녹슬게 하고
목마른 바보들의 목구멍에 독을 넣는다.

승천
Ascension

오늘은 공간이 거룩해지고,
다음주에는 시간이 그리될 것이다.
청동기 벧엘들, 실로들, 길갈들이
그들의 지리적 사슬에서 빠져나와
모든 대륙과 대부분의 주에서
불쑥불쑥 나타난다. 랜드 맥널리*
지도들은 복음의 증인들의 위치를,
그곳에 집이나 방을 소유한 성도들과
죄인들의 수에 따라 붉은 점이나 검은
원으로 표시한다. 예수께서 승천하신 이후로
거룩한 장소들과 땅들이 그 풍경을 정의한다.

샬롬

Shalom

강하신 야곱의 하나님, 사랑하는 만군의 주님,
    조상들의 하나님, 잃어버린 자들의 주님,
저희의 공포를 녹여 주시고, 두려움을 잠재워 주소서,
    당신의 다정한 샬롬을 속삭여 주소서.

모든 법이 파괴되고, 모든 평화가 깨어지며,
    전쟁의 소문들이 저희 마음을 불안하게 하고,
저희의 사랑들이 허물어지며, 저희의 희망들이 썩어 갑니다,
    저희를 사랑해 주시고, 샬롬을 말씀해 주소서.

거친 바닷물이 저희를 의심 속에 빠뜨리고,
    화산의 천둥이 저희의 휴식을 흔들며,
시나이가 산산조각 나고, 갈릴리가 휘몰아칩니다,
    샬롬으로 저희의 믿음을 굳게 하소서.

요단강 세례의 물속에 저희를 눕히시고,
    깊은 사마리아 우물을 저희에게 파 주시며,
저희 땅의 죄악을 씻을 물을 주소서,
    저희를 깨끗하게 하시고, 샬롬을 노래하소서.

위대한 피난처의 하나님, 가까이 계신 도움의 하나님,
    죄와 죽음의 함대를 난파시키시고,
자비에 재빠르시며, 사랑에 신속하셔서,
    저희를 구하시고 샬롬을 만드소서.

나비

Light on Light

그 나비를 막대기에 핀으로 꽂고
그 모호함에 이름표를 붙이라.
가는 철사에 선조(線條) 세공한 아름다움을 찔러 꽂으라
법과 질서를 위해 세상을 안전하게 만들라.

나비의 춤들을 얼어붙게 하여
내가 한가할 때 보게 하라.
그것들을 니스 칠한 판에 붙여서,
나의 지루함을 장식할 액자가 되게 하라.

아니면 나는 배울 수 있을지도 모른다,
나의 영혼을 풀어 주어 비슷한 날개로 팔랑이며,
가벼운 꽃잎들 위에 가볍게 내려 앉아 오래도록
파랑을 들이마시고, 초록을 만지는 법을.

마라나타
Maranatha

우리 주여, 오시옵소서!
 마라나타 _고린도전서 16장 22절

그리스도여, 속히 오소서, 저의 생각을 판단하소서,
저의 죄를 보여 주시고, 저의 교만을 드러내시며,
저의 양들과 염소들을 나누소서.
     지금, 주여, 마라나타.

그리스도여, 속히 오소서, 저의 의지를 길들이소서,
저의 소망을 빚으시며, 저의 꿈을 구하시어,
저를 시온의 언덕 높은 곳에 세우소서.
     오늘, 주여, 마라나타.

그리스도여, 속히 오소서, 저의 욕정을 건지소서,
저의 사랑을 정결하게 하시고, 저의 마음을 체질하사,
이 아담의 흙을 부활시키소서.
     곧, 주여, 마라나타.

그리스도여, 속히 오소서, 문을 열어 주소서,
천국의 무지개 보좌를 저희에게 보여 주시고,
저희가 흠모하는 어린양을 나타내소서.
     즉시, 주여, 마라나타.

그리스도여, 속히 오소서, 새 초원을 만드소서,
소와 독수리, 사자와 사람을 위해,*
이 네 생물을 축복하소서.
    새벽에, 주여, 마라나타.

그리스도여, 속히 오소서, 이 심히 가난한 자를 초대하소서,
떡을 떼시며 포도주를 부으시고,
영광스러운 혼인 잔치를 시작하소서.
    지금 한밤중이니, 마라나타.

탐조
Birdwatching

비오리
잠수하라, 비오리야, 깊이, 깊이,
송사리와 수초를 실컷 먹어라.
반들거리며 올라오라, 네 적갈색 머리가
넓은 하늘 아래 빛나는구나.
너의 유연한 우아함은 매일의 양식,
아침 기도(matins) 때의 아침 식사,
저녁 기도(vespers) 때의 저녁 식사.*
세상의 물 위에 둥실 떠서,
이따금 먹이를 위해 하강하고
때때로 안전을 위해 비상하며,
햇볕을 모으고, 먹이를 주는 푸른 물 위에
편안하게 떠 있구나.

동고비
오리처럼 쨱쨱거려라, 너의 쐐기 깃털들이
하강하며, 벌레를 찾아다니는구나.
나를 깨워라, 너의 잠든 친구,
나를 일으켜 세워라, 똑바로
바늘잎 푸르게
하늘 향해 뻗어 나가는 낙엽송처럼.

물총새

푸른 물로 곤두박질쳐라, 물총새야,
초록을 뚫고, 너의 일용할 물고기를
찔러라, 그 후에
녹슨 문짝 덜컹이는 너의 소리를
잔물결 일렁이며 반향하는 수면을 가로질러 울려라.
우스꽝스러운 위엄으로 근엄하게 앉아 있어라,
허리띠 두른 너의 배가
적갈색과 파란색과 하얀색으로 눈부시게 빛나며
호수에 비치는구나.
나는 사랑한다, 메릴랜드 강가와 몬태나 폰데로사에서**
전해 오는 너의 인사를, 그리고 내 딸이
내게 만들어 준 납유리 머그컵에서 반짝이는 너를,
아담의 날아가는 무리 가운데
나의 첫사랑을,
나의 어부 왕의 반전된 이콘을.❖

사람이 갈라놓지 못할지니라
Let Not Man Put Asunder

명령과 관습에 따라 신의에 헌신된 채
나는 결혼의 더블베드와 식탁에서 아늑히 지낸다.

    자발성은 언약의 춤에
    붙박이로 들어가 있고,
    매일의 일상적인 생활은
    목사관의 리듬에 맞춰져 있다.

이 믿기 어려운 분열 번식의 동맹은
매일의 놀라움을 품었다가 풀어 준다.

    우리는 어떤 안전 금고에 소중하게
    보관해 두었던 자아의 고집을
    이제는 수십 가지의 섬세한 역설들 속에
    아무런 애통 없이 흩뿌렸다.

가정생활의 수많은 친밀함은
침식에 저항하는 벽돌을 만드는 짚이다.

    그토록 볼품없는 재료로 우리는
    평범한 땅 위에 삶을 쌓아 올렸고
    마침내 점점 늙어 간다. 내 사랑은

여신이 아니며 나도 신이 아니다.

갈라놓음은 결혼한 이들의 세계에서는 발음할 수 없는 단 하나의 말이며, 한 몸은 필멸의 기적이다.

연애편지 속 서투른 말들로
꽤 머뭇거리며 시작한 것이
이제는 정교해져 대담한 결혼 생활의
파드되가* 되었다.

어부 왕에게 바치는 발라드
Ballad to the Fisher King

피트와 앤디와 잭과 짐이*
    견고한 배를 타고 출항했네.
그들은 어부, 바다를 헤치고 나아가는 동안
    그들 입에선 거친 말들이 흘러나왔네.

    헤이 호, 어부 왕께, 헤이 호**
    헤이 호, 어부 그리스도께.

그들에게 세상은 움켜쥘 전리품,
    바다는 약탈할 보물 상자.
창조 세계는 빈터,
    경이는 없는 곳.

    헤이 호, 어부 왕께, 헤이 호
    헤이 호, 어부 그리스도께.

그들은 끈적한 역청으로 배의 틈새를 메웠고,
    재빠른 솜씨로 돛을 수선했네.
그들은 욕을 하며 옛 뱃노래 불렀고,
    공동의 성배로 함께 마셨네.

    헤이 호, 어부 왕께, 헤이 호

헤이 호, 어부 그리스도께.

싸움은 고되었으나 즐겁고 자유로웠으며,
　　그들은 축복하는 좋은 노래를 불렀네.
그들은 돕고, 치유하며, 사랑하고, 기도했으며,
　　고기를 잡는 것도 거의 잊지 않았네.

　　헤이 호, 어부 왕께, 헤이 호
　　헤이 호, 어부 그리스도께.

이제 그 물고기는 구원하시는 그리스도의 표징❖
그리고 그가 위하시는 사람들의 표징,
그리고 한 마리의 물고기는 그대가 모래 위에 그을 수 있는 선❖
그리고 가난한 이들을 먹일 한 끼 식사.

　　헤이 호, 어부 왕께, 헤이 호
　　헤이 호, 어부 그리스도께.

결혼의 동굴
A Cave of Marriage

이 그림자들은 지금까지 우리에게
몇 번이나 찾아왔다. 한 번 이상
우리는 어둠을 느꼈고 궁금해했다,
그것이 얼마나 깊이 뚫고 들어갈지를.
촛불이 그 어둠을 잡아서, 붙들었다가
되돌려 보내어 이 동굴을,
사랑이 태어나고 우리의 사랑들이
겨울 밤을 지내며 회복되는 이곳을
환히 밝히고 따뜻하게 데우기 전에.

일 년 내내 연인들과, 연인이 되려 하는
이들이 몰려든다. 그리고 우리는 그들을
사랑했다. 너그럽게 사랑하며, 그들을
우리의 사랑으로 축복했다. 그러나 오늘밤
우리는 우리 자신의 사랑을 돌보아야 한다.
우리 자신의 초를 밝히고, 잠시
결혼의 동굴 안에서 몸을 맞대야 한다.

우리는 많은 이를 떠나 한 사람에게로 왔다,
우리가 서로 안에서 아는 그 '그대'에게로,
사랑받는 이 안에 있는 하나님–사랑에게로.
아마도 우리는 다시 나가지 않을 것이다.

우리에게는 나눌 사랑 이야기가,
부를 사랑 노래가, 밝힐 초가
아주 많다 — 서로에게 주는
열린 선물들로 이 동굴을 채우며,
그림자들 속에 계신 또 다른 한 분과 함께.

무화과 설교
Sermons from Figs

일요일 아침이면 어김없이
스크램블드에그와 구운 베이글 곁에
무화과가 놓여 있다.

"당신의 설교에 성경 내용이 확실히
담기게 하기 위해서랍니다," 그녀가 말한다.
나는 도대체 몇 년 동안이나

이 무화과들을 먹어 왔을까?
에덴과 예루살렘의 나무들에게로
혈통이 이어지는 말린 무화과들을?

무화과 가죽 주머니에 담겼던 수천의 씨앗들 중
얼마나 많은 수가 내 위 속에 뿌리를 내렸을까?
그들이 거기서 발견한 것은 길바닥일까,

아니면 자갈밭일까, 아니면 얇은 흙일까, 아니면
좋은 땅일까? 무화과나무 설교들은 얼마나 될까,

그녀의 사랑이 심은,
그녀의 사랑이 가지 치고 가꾼 그 설교들은?

새로운 수학

The New Math

저희에게 저희의 날들 세는 법을 가르쳐 주셔서
 저희가 지혜의 마음을 얻게 하소서.
_시편 90편 12절

은총의 달력을 만들라,
창세기의 날들과 달(moon)이 표시한 달들(months)을.

  기독교적인 한 해를 만들라. 축복을
  더하라, 죄를 빼라, 슬픔을

나누라, 사랑을 곱하라 —
악마를 혼란스럽게 하는 연산.

십자가의 길*
Stations of the Cross

그 토요일 밤, 우리는 교회의 긴 의자에
앉아 십자가의 길 기도를 드렸다.
고통의 열네 처소들, 고통이
기도하고, 기도하고, 기도했다.
우리가 듣고, 말하고, 듣고, 말할 때
우리의 목소리는 교창처럼 울렸고,
우리가 소리 내어, 또 침묵으로 기도할 때
그분은 우리 안에서, 우리를 위해 기도하셨다,
기도가 되는 고통과 기도하는 고통.

일요일 밤, 고통은 당신의 눈 속에 있었다,
당신의 얼굴이 십자가 길의 한 처소. 그리고 나는
고통 앞에서 무력한 채, 내가 일으킨 고통을 말없이
직면하고 있었다. 검은 대각선들이 당신의 광대뼈에
비스듬히 그어지고, 눈물이 고랑을 팠다.
내가 정말 순수하다고 생각했던 사랑이
이 고통을 일으켰다. 그리고 당신은
내게 ― 그리스도가 되었다.

텅 빈 숲은 매장을 위한
무덤, 벌거벗은
참나무들과 안개에 싸인

솔송나무들, 상모솔새들이
진홍빛 비단 소리로
여기저기에 침묵을 수놓는다.
우리는 월요일
안식에 들어간다. 침묵은 우리에게서
죄책감과 교만과 수치를
하나씩 하나씩 벗겨 낸다.
정오가 되자 우리는 숲처럼
텅 비고 벌거벗었으며, 장례를 위해
씻겼다. 얼마나 오래 걸릴까,
층층나무가 우리의 벌거벗음을 입히고
휘파람새가 우리의 부활을 노래할 때까지는?

안식일 기도
Sabbath Prayers

놀라 멈춰 선 사슴 다섯 마리, 참나무 잎사귀들의 여름,
그들의 발굽 아래 반짝이는 구리빛

    거룩.

도가머리딱따구리, 익룡의
작은 후손이 흔드는 날개 달린 환영 인사

    거룩.

어깨 위에는 엘리야의 망토,
스웨터와 솜털 슬리퍼 속의 따스함

    거룩.

커피 세 잔의 향기와
구운 타사하라 빵 냄새*

    거룩.

침대 속의 선(Zen)
한 몸

거룩.

겨울비 내리는 하루, 부드러운 두드림,
숲의 챔버 오케스트라의 안식일 기도
연주를 위해 리듬이 깔린다

거룩.

가나의 붉은 포도주 잔,
까베르네 소비뇽**

거룩.

보름달이 밝히는
십자가의 그늘 아래
천천히 아물어 가는 상처들

거룩.

거센 새벽 바람이 우리를 흔들어 일어나게 하고,
나무들을 깃발처럼 우리 앞에서 흔든다.
깨어라. 보라. 경배하라

영광.

부활꽃
Resurrection Flower

그대는 내 책상 위에
부활꽃을 올려 놓는다, 초록
줄기에서 터져 나온 노란 꽃송이.
겨울 내내 그것은
흙속에 묻혀, 눈에 덮이고,
비에 젖으며, 지렁이들의
벗이 되었다. 수선화 속의 부활절,
그대의 푸른 웃음과 가벼운 포옹 안에서
그리스도께서 뛰어 오르신다.

원문
Original Texts

The Lucky Poor

"Blessed are the poor in spirit"

A beech tree in winter, white
Intricacies unconcealed
Against sky blue and billowed
Clouds, carries in its emptiness
Ripeness: sap ready to rise
On signal, buds alert to burst
To leaf. And then after a season
Of summer a lean ring to remember
The lush fulfilled promises.
Empty again in wise poverty
That lets the reaching branches stretch
A millimeter more towards heaven,
The bole expand ever so slightly
And push roots into the firm
Foundation, lucky to be leafless:
Deciduous reminder to let it go.

The Lucky Sad

"Blessed are those who mourn"

Flash floods of tears, torrents of them,
Erode cruel canyons, exposing
Long forgotten strata of life
Laid down in the peaceful decades:
A badlands beauty. The same sun
That decorates each day with colors
From arroyos and mesas, also shows
Every old scar and cut of lament.
Weeping washes the wounds clean
And leaves them to heal, which always
Takes an age or two. No pain
Is ugly in past tense. Under
The Mercy every hurt is a fossil
Link in the great chain of becoming.
Pick and shovel prayers often
Turn them up in valleys of death.

The Lucky Meek

"Blessed are the meek"

Moses, by turns raging and afraid,
Was meek under the thunderhead whiteness,
The glorious opacity of cloudy pillar.
Each cloud is meek, buffeted by winds
It changes shape but never loses
Being: not quite liquid, hardly
Solid, *in medias res,* like me.
Yielding to the gusting spirit
All become what ministering angels
Command: sign, promise, portent.
Vigorous in image and color, oh, colors
Of earth pigments mixed with sun
Make hues that raise praises at dusk,
At dawn, collect storms, release
Rain, filter sun in arranged
And weather measured shadows. Sunpatches.

The Lucky Hungry

"Blessed are those who hunger and thirst after righteousness"

Unfeathered unbelief would fall
Through the layered fullness of thermal
Updrafts like a rock; this red-tailed
Hawk drifts and slides, unhurried
Though hungry, lazily scornful
Of easy meals off carrion junkfood,
Expertly waiting elusive provisioned
Prey: a visible emptiness
Above an invisible plenitude.
The sun paints the Japanese
Fantail copper, etching
Feathers against the big sky
To my eye's delight, and blesses
The better-sighted bird with a shaft
Of light that targets a rattler
In a Genesis-destined death.

The Lucky Merciful

"Blessed are the merciful"

A billion years of pummeling surf,
Shipwrecking seachanges and Jonah storms
Made ungiving, unforgiving granite
Into this analgesic beach:
Washed by sea-swell rhythms of mercy,
Merciful relief from city
Concrete. Uncondemned, discalceate,
I'm ankle deep in Assateague sands,
Awake to rich designs of compassion
Patterned in the pillowing dunes.
Sandpipers and gulls in skittering,
Precise formation devoutly attend
My salt and holy solitude,
Then feed and fly along the moving,
Imprecise ebb- and rip-tide
Border dividing care from death.

The Lucky Pure

"Blessed are the pure in heart"

Austere country, this, scrubbed
By spring's ravaging avalanche.
Talus slope and Appekunny
Mudstone make a meadow where
High-country beargrass gathers light
From lichen, rock, and icy tarn,
Changing sun's lethal rays
To food for grizzlies, drink for bees —
Heart-pure creatures living blessed
Under the shining of God's face.
Yet, like us the far-fallen,
Neither can they look on the face
And live. Every blossom's a breast
Holding eventual sight for all blind and
Groping newborn: we touch our way
Through these splendors to the glory.

The Lucky Peacemakers

"Blessed are the peacemakers"

Huge cloud fists assault
The blue exposed bare midriff of sky:
The firmament doubles up in pain,
Lightnings rip and thunders shout;
Mother nature's children quarrel.
And then, as suddenly as it began,
It's over. Noah's heirs, perceptions
Cleansed, look out on a disarmed world
At ease and ozone fragrant. Still waters.
What barometric shift
Rearranged these ferocities
Into a peace-pulsating rainbow
Sign? My enemy turns his other
Cheek; I drop my guard. A mirror
Lake reflects the fi ltered colors;
Breeze-stirred pine trees quietly sing.

The Lucky Persecuted

"Blessed are those who are persecuted"

Unfriendly waters do a friendly
Thing: curses, cataract-hurled
Stones, make the rough places
Smooth; a rushing whitewater stream
Of blasphemies hate-launched,
Then caught by the sun, sprays rainbow
Arcs across the Youghiogheny.
Savaged by the river's impersonal
Attack the land is deepened to bedrock.
Wise passivities are learned
In quiet, craggy occasional pools
That chasten the wild waters to stillness,
And hold them under hemlock green
For birds and deer to bathe and drink
In peace — persecution's gift:
The hard-won, blessed letting be.

Cradle

She gave birth to her first-born son
And wrapped him in swaddling clothes,
And laid him in a manger.
Luke 2:7

For us who have only known approximate fathers
And mothers manqué, this child is a surprise:
A sudden coming true of all we hoped
Might happen. Hoarded hopes fed by prophecies,

> Old sermons and song fragments now cry
> Coo and gurgle in the cradle, a babbling
> Proto-language which as soon as it gets
> A tongue (and we, of course, grow open ears)

Will say the big nouns: joy, glory, peace;
And live the best verbs: love, forgive, save.
Along with the swaddling clothes the words are washed

> Of every soiling sentiment, scrubbed clean
> Of all failed promises, then hung in the world's
> Backyard dazzling white, billowing gospel.

Dream

... an angel of the Lord appeared to him in a dream
Matthew 1:20

Amiably conversant with virtue and evil,
The righteousness of Joseph and wickedness
Of Herod, I'm ever and always a stranger to grace.
I need this annual angel visitation

> — sudden dive by dream to reality —
> To know the virgin conceives and God is with us.
> The dream powers its way through winter weather
> And gives me vision to see the Jesus gift.

Light from the dream lasts a year. Impervious
To equinox and solstice it makes twelve months
Of daylight by which I see the crèche where my

> Redeemer lives. Archetypes of praise take shape
> Deep in my spirit. As autumn wanes I count
> The days 'til I will have the dream again.

Tree

There shall come forth a shoot from the stump of Jesse,
And a branch shall grow out of his roots.
Isaiah 11:1

Jesse's roots, composted with carcasses
Of dove and lamb, parchments of ox and goat,
Centuries of dried up prayers and bloody
Sacrifice, now bear me gospel fruit.

> David's branch fed on kosher soil
> Blossoms a messianic flower, and then
> Ripens into a kingdom crop, conserving
> The fragrance and warmth of spring for winter use.

Holy Spirit, shake our family tree;
Release your ripened fruit to our outstretched arms.

> I'd like to see my children sink their teeth
> Into promised land pomegranates

And Canaan grapes, bushel gifts of God,
While I skip a grace rope to a Christ tune.

Present

For to us a child is born, to us a son is given ... and his name will be called Wonderful, Counselor, Mighty God, Everlasting Father, Prince of peace.
Isaiah 9:6

Half-sick with excitement and under garish lights
I do it again, year after year after year
I can't wait to plunder the boxes, then show
And tell my friends: Look what I got!

> I rip the tissues from every gift but find
> That all the labels lied. Stones.
> And my heart a stone. "Dead in trespasses
> And sin." The lights go out. Later my eyes,

Accustomed to the dark, see wrapped
In Christ-foil and ribboned in Spirit-colors

> The multi-named messiah, love labels
> On a faith shape, every name a promise

And every promise a present, made and named
All in the same breath. I accept.

Kiss

Steadfast love and faithfulness will meet;
Righteousness and peace will kiss each other.
Psalm 85:10

Stray affections, following their noses,
Get me into all kinds of trouble, from trampling
Beds of roses to scattering unbagged garbage.
And then the trails grow cold. It is "winter

>All the time and Christmas never comes,"
>'til pulled on tip-toe to get it full on the lips
>Under the psalmic mistletoe I'm kissed.
>Peace compressed into lips that make a sign

Of love slowly releases eternity
Into time: I'm touched into joy.

>Always awkward with heavenly intimacies
>In public places, I shuffle and blush and contribute,

Despite myself, brightness to the night
And warmth to the winter. The world's a lover's lane.

Pain

... and a sword will pierce through your own soul also that thoughts out of many hearts may be revealed.
Luke 2:35

The bawling of babies, always in a way
Inappropriate — why should the loved and innocent
Greet existence with wails? — is proof that not all
Is well. Dreams and deliveries never quite mesh.

> Deep hungers go unsatisfied, deep hurts
> Unhealed. The natural and gay are torn
> By ugly grimace and curse. A wound appears
> In the place of ecstasy. Birth is bloody.

All pain's a prelude: to symphony, to sweetness.
"The pearl began as a pain in the oyster's stomach."

> Dogwood, recycled from cradle to cross, enters
> The market again as a yoke for easing burdens.

Each sword-opened side is the matrix for God
To come again through travail for joy.

Dance

... when the voice of your greeting came to my ears the babe in my womb leaped for joy.
Luke 1:44

Another's heart lays down the beat that puts
Me in motion, in perichoresis, steps
Learned in the womb before the world's foundation.
It never misses a beat: praise pulses.

> Leaping towards the light, I'm dancing in
> The dark, touching now the belly of blessing,
> Now the aching side, ready for birth,
> For naming and living love's mystery out in the open.

The nearly dead and the barely alive pick up
The chthonic rhythms in their unused muscles

> And gaily cartwheel three hallelujahs.
> But not all: "those who are deaf always despise

Those who dance." That doesn't stop the dance. Unapplauded,
All waiting for light leap at the voice of greeting.

Star

I see him, but not now, I behold him, but not nigh:
A star shall come forth out of Jacob ...
Numbers 24:17

No star is visible except at night,
Until the sun goes down, no accurate north.
Day's brightness hides what darkness shows to sight,
The hour I go to sleep the bear strides forth.

> I open my eyes to the cursed but requisite dark,
> The black sink that drains my cistern dry,
> And see, not nigh, not now, the heavenly mark
> Exploding in the quasar-messaged sky.

Out of the dark, behind my back, a sun
Launched light-years ago completes its run.

> The undeciphered skies of myth and story
> Now narrate the cadenced runes of glory.

Lost pilots wait for night to plot their flight,
Just so diurnal pilgrims praise the midnight.

Time

When the time had fully come, God sent forth his Son, born of a woman, born under the law, to redeem those who were under the law, that we might receive adoption ...
Galatians 4:4-5

Half, or more than half, my life is spent
In waiting: waiting for the day to come
When dawn spills laughter's animated sun
Across the rim of God into my tent.

>   In my other clock sin I put off
>   Until I'm ready, which I never seem
>   To be, the seized day, the kingdom dream
>   Come true. My head has been too long in the trough.

Keeping a steady messianic rhythm,
Ocean tides and woman's blood fathom

>   The deep that calls to deep and bring to birth
>   The seeded years and grace this wintered earth.

Measured by the metronomic moon,
Nothing keeps time better than a womb.

Candle

The people who walked in darkness
  have seen a great light; those who dwelt
In a land of deep darkness,
  on them has light shined.
Isaiah 9:2

Uncandled menorahs and oiless lamps abandoned
By foolish virgins too much in a hurry to wait
And tend the light are clues to the failed watch,
The missed arrival, the midnight might-have-been.

> Wick and beeswax make a guttering protest,
> Fragile, defiant flame against demonic
> Terrors that gust invisible and nameless
> Out of galactic ungodded emptiness.

Then deep in the blackness fires nursed by wise
Believers surprise with shining all groping derelicts
Bruised and stumbling in a world benighted.

> A sudden blazing backlights each head with a nimbus.
> Shafts of storm-filtered sun search and destroy
> The Stygian desolation: I see I see.

Offertory

May the kings of Tarshish and the isles render him tribute,
 may the kings of Sheba and Seba bring gifts.
Long may he live, may gold of Sheba be given to him!
Psalm 72:10, 15

Brought up in a world where there's no free lunch
And trained to use presents for barter, I'm spending
The rest of my life receiving this gift with no
Strings attached, but not doing too well.

> Three bathrobed wise men with six or seven
> Inches of jeans and sneakers showing, kneel
> Offering gifts that symbolize the gifts
> That none of us are ready yet to give.

A few of us stay behind, blow out the candles,
Sweep up the straw and put the crèche in storage.

> We open the door into the world's night
> And find we've played ourselves into a better

Performance. We leave with our left-over change
Changed at the offertory into kingdom gold.

War

And the dragon stood before the woman
  who was about to bear a child
that he might devour her child.
  ... Now war arose in heaven
Revelation 12:4, 7

This birth's a signal for war. Lovers fight,
Friends fall out, merry toasts from flagons
Of punch are swallowed in the maw of dragons.
Will mother and baby survive this devil night?

>   I've done my share of fighting in the traffic:
>   Kitchen quarrels, playgound fisticuffs;
>   Every cherub choir has its toughs.
>   And then one day I learned the fight was cosmic.

Truce. I lay down arms, my arms fill up
With gifts — wild and tame, real and stuffed

>   Lions, lambs play, oxen low,
>   This infant fathers festive force. One crow

Croaks defiance into the shalom whiteness,
Empty satanic bluster against the brightness.

Choir

Glory to God in the highest and on earth
Peace with whom he is pleased.
Luke 2:14

Untuned, I'm flat on my feet, sharp with my tongue,
A walking talking discord, out of sorts,
My heart murmurs are entered in lab reports.
The noise between my ears cannot be sung.

> Ill-pleased, I join a line of hard-to-please people
> Who want to exchange their lumpy bourgeois souls
> For a keen Greek mind with a strong Roman nose,
> Then find ourselves, surprised, at the edge of a stable.

Caroling angels and a well-pleased God
Join a choir of cow and sheep and dog

> At this barnyard border between wish and gift.
> I glimpse the just-formed flesh, now mine. They lift

Praise voices and sing twelve tones
Of pleasure into my muscles, into my bones.

Greetings

Hail, O favored one, the Lord is with you!
Luke 1:28

My mail carrier driving his stubby white
Truck, trimmed in blue and red, wingless
But wheeled, commissioned by the civil service,
Delivers the Gospel every Advent.

> This Gabriel, uniformed in gabardine,
> Unsmiling descendent of his dazzling original,
> Under the burden of greetings is stoical
> But prompt: annunciations at ten each morning.

One or two or three a day at first;
By the second week momentum's up,
My mailbox stuffed, each card stamped

> With the glory at a cost of only twenty-two cents,
> Bringing the news that God is here with us,
> First class, personally hand addressed.

Feast

He who is mighty has done great things for me ...
He has filled the hungry with good things.
Luke 1:49, 53

The milk full breasts brim blessings and quiet
This child in fullness, past pain: El Shaddai
Has done great things for me. Earth nurses
Heaven on the slopes of the Grand Tetons.

> Grown up, he gave breakfasts, broke bread,
> Itinerant host at feasts with his friends.
> His milkfed bones were buried unbroken
> Deep in the Arimathean's tomb.

The world has worked up an appetite
And comes on the run to the table he set:
Strong meat, full-bodied wine.

> Wassailing with my friends in the winter
> Mountains, I'm back for seconds as often
> As every week: drink long! drink up!

Stamp

He reflects the glory of God
And bears the very stamp of his nature.
Hebrews 1:3

I tear along the perforated edge,
Tongue the mucilage, then press the image
Across the enveloped message: it flies by magic
Carpet across the mountains and over the seas

> Into all the world, a postmarked
> Prophecy validating love
> Come down from heaven, delivered posthaste
> To every waiting mailbox.

Be a stamp collector: notice, gather,
Post the thin paper angels streaming
Glory into Ezekiel's book of life.

> Philatelic witnesses display
> Caesar at piece-work, stamping the Nature into
> Amnesiac lives, canceling our wordless waiting.

Womb

And behold you will conceive in your womb ...
The Holy Spirit will come upon you
And the power of the Most High will overshadow you.
Luke 1:31, 35

Buy a packaged God, and then another
And another and another — a god
For every godless friend, a one-size-fits-all
God certified good without bother of love.

> Vacuumed wombs are ripe for stuffing at market
> Discounts: capture the season's spirit at bargain
> Prices, buy a manufactured joy
> Guaranteed not to surprise with squall or mess.

But when the wind gusts in your belly, the storm
Spirit, holy and heavenly, begins to swell
You hugely pregnant, drop the packages,

> Feel the kicking, dancing God within
> And let Him grow the Christ-shape in you.
> Phylogeny recapitulates ontogeny.

Question

How can this be, since I have no husband?
Luke 1:34

The impossible possibility (or is it
The possible impossibility?) throws a question
Mark across my life. Am I engaged to
Death or life? Am I a womb?

> Silently my sex secretes fluids.
> My body fills with a pool of questions:
> Will the water drown or baptize?
> Am I Dead Sea or Jordan River?

Bargaining with God for improved death
Benefits (I thought that's what you did
With God) I'm stopped in my tracks.

> Do I want mystery within me?
> Will this life cost my life?
> Am I ready to make love with my life?

Dawn

The day shall dawn upon us from on high
To give light to those who sit in darkness.
Luke 1:78-79

Tearful, we shuffled through the fallen
Leaves of autumn, going over the losses,
Counting the dead, remembering the old
Good times, knowing they were gone for good.

>We came to an unmarked door and knocked;
>A voice called, Open. We opened and light
>Rivered across our ice-age silence
>And steel weather, tonguing light

Along the Susquehanna, translating
Our wept-over dead into morning light

>Down the Monongahela, raising
>Our sacrificed loves into dawn gifts and

Up the Allegheny, rainbowing
Our faithful friends into arcs of light.

Egypt

Rise, take the child and his mother,
  And flee to Egypt.
Matthew 2:13

The angel word to leave was clear enough but
It couldn't have been easy — all those months
In rented rooms. We've, at least, not found it
So. Egypt was safe but it wasn't home.

> How many ruined altars did you find
> Along the way, rebuild and offer sacrifice?
> A few of Abraham's perhaps? Was there
> Rubble marking Elijah's run for dear life?

And glances of sun-glint off ravens' wings? Promises
Kept in unpromising places. And then the

> All-clear: safe passage back to homeland
> Woods and waters, country of first visions,

Tucked away in the ordinary,
Holy and hidden in village obscurity.

Message

Climb a high mountain, Zion,
  You've been entrusted with the message!
Shout, O Jerusalem, at the top of your lungs,
  You've been entrusted with the message!
Shout boldly, fearlessly, to Judah's cities,
  "Look, listen! God is here, now!"
Isaiah 40:9

A long climb it was to the top of the mountain,
Thirty-five years all told, counting in detours and
Rest stops. Thirty-five years in the company
Of friends and family, climbing, climbing, climbing.

> Sundays were blaze marks as we hiked our way
> Through scree and scrub alder, picking huckleberries,
> Learning the high country language
> From journals and letters of pioneer climbers.

The summit was sudden, we caught our breath
As range after range spread out beneath us.

> Stunned into silence, our voiceless praise
> Choired with firs and saskatoons,

Every mountain a pulpit and the message out,
"Here! Oh, he's here! Look! Listen!"

Lights

Every gift that's good for you
  Comes out of heaven.
The gifts are rivers of light
  Cascading down from the Father of light.
James 1:17

I showed up with a wish list, hoping
For a gift or two, and walked into
A party lavish with light and gifts,
Light from parents and grandchildren,

> Spouse and children, brothers and sisters,
> Lovers and friends: light from the Father
> Of light — light gifts rivering
> Out of faces and sky and making me

Light of step, light of heart,
The beauty of the Lord pulsating from
These icons of Adam, icons of Eve.

> Light from the East, light from the West,
> Winter light and summer light.
> We love and work and die in light.

Pregnancy

My little children,
  With whom I am again in travail,
Until Christ be formed in you!
Galatians 4:19

Pregnant by my parents' prayers,
I'm large with child; I wait, shy
In the mystery, larger inside than outside.
Am I showing? Does anyone notice?

> The dark interior of my life
> Enlarges with light. Proto-lineaments
> Of the Savior take shape. I feel
> The kick of joy, the dance of grace.

Meeting with others, also due,
Arthritic octogenarians and willowy
Virgins, kneeling quiet in sacred

> Shadows, we listen to creation
> Groan, time the pains, and know
> We're about to know as we've been known.

Glory

The Word became flesh and blood,
  And moved into the neighborhood.
We saw the glory with our own eyes,
  The one-of-a-kind glory,
Like Father, like Son,
  Generous inside and out,
True from start to finish
John 1:14

Sixty years ago I was a boy here.
Now driving through the old neighborhood
I find the pasture where we'd played our games
Using dried cow flop to mark goals and bases,

> All macadamized: butt ercups
> And dandelions flattened under white
> Stripes; the sweet scent of heifers
> Lost in exhaust fumes. Everything changed.

Yet nothing has changed: sky large as ever,
Foothills working their way up to alpine
Peaks, and one huge Douglas fir,

> Already huge when I was four and under
> Which I first heard the Story — saw the
> Glory. The story is the glory. Shekinah.

Meditation

Mary kept all these things to herself,
Holding them dear, deep within herself.
Luke 2:19

Messages pile up, not all but some
From angels: by person and post and fax.
Each annunciation pulls me deeper
Into providential but dark-shadowed mystery.

>   I'm keeping track of the comings and goings,
>   Birth announcements and death notices,
>   Cries from the cradle, cries from the cross.
>   Births and burials stay about even.

And I'm a womb of meditation,
Each new presence, each fresh absence
Metabolizing into soul song.

>   Hold them — Oh, hold them! — each baby,
>   Each burial, as the songs and sighs
>   Work their way into a Jesus hymn.

Homecoming

Ho, everyone who thirsts,
  Come to the waters;
And you who have no money,
  Come, buy wine and milk
Without money and without price.
Isaiah 55:1

I come. I've been working my way to this
Since the womb. But leaving is hard,
Emptying my pockets of wallet and passport,
Leaving the bright lights, leaving the sights.

> Pre-advent tamaracks show the way,
> Exploding from green to gold, bursting
> Into flares marking the way home,
> Laying down, needle by needle, gold carpet.

I grew up on conifers,
Evergreen fir and pine and spruce.
Tamaracks are an annual surprise,

> Opening the woods to winter light,
> Invitation to a less that is more.
> I loosen my grip, slow my pace, coming home.

Story

> *I'm here to announce a great*
>   *And joyful event that is meant for everybody worldwide:*
> *A Savior has just been born in David's town,*
>   *A Savior who is Messiah and Master.*

Luke 2:10-11

The virgin and angel got an early start
On us: in Alabama and Montana
We got the story that forms the world
Into our muscles and synapses and bones.

> We had our babies and buried our parents;
> The Story took our stories into itself;
> We watched the stories swell with miracle and meaning,
> As cradle and cross gave plot. Predawn

We climb our neighborhood Nebo and watch
The sun bring light to mountain waters
Rivering and pooling in the valley below us,

> And to the towns and forests and roads:
> Geography of our salvation. A story
> Complete; a story not yet complete.

Quiet

In returning and rest you shall be saved,
In quietness and trust shall be your strength.
Isaiah 30:15

Our latest guest, a common loon,
Arrived this winter unannounced
And bringing gifts — guests do that,
Bring gifts — filling heart and home

>With beauty: wild, elusive, sleek,
>Low in the water, this contemplative
>Loon is an icon for living present
>But detached. I rarely see him fly

But he can fly. This loon dives, dives
Long and deep. No mere surface
Bird, he goes for the depths. When he dives

>I think he prays, searching deep waters
>For what keeps him and us alive,
>Grace and quiet, buoyant with Presence.

Terror

Herod ... flew into a rage. He commanded the murder
Of every little boy two years old and under
Who lived in Bethlehem and its surrounding hills.
Matthew 2:16

If the foundations are destroyed
What can the righteous do?
Psalm 11:3

The Holy Day is purged, at least for this year,
Of silliness, all trees stripped of tinsel.
Christ's cradle soaked in blood,
Shepherds and Wise Men choked with smoke.

> But even while Herod grabs the headlines,
> Leviathan spews fire, and Behemoth's on the loose,
> This Child we worship is alive in the rubble.
> "And if the foundations are destroyed ... ?"

Last week I walked along Ole Creek
Past the giant cottonwood, lightning-struck
In that wild, autumn storm — riven

> But upright still on hidden roots.
> "The road up and the road down are the same road."
> Evil is the palindrome of live.

Snow

He spreads snow like white fleece,
  He scatters frost like ashes,
He broadcasts hail like birdseed —
  Who can survive his winter?
Then he gives the command and it all melts;
  He breathes on winter — suddenly it's spring.
Psalm 147:16-18

Losing steam, another year
Cools down, loosens its grip on aspen
And larch, drops leaves and needles,
Bids them return, earth to earth.

> And now the gift of drifting snow,
> Wind-sculpted beauty. Cold comfort
> (not all His gifts are cozy) invites
> Entrance into a season of austere

Emptiness: "nothing in my hand
I bring." Septuagenarian joints
Stiffen in snow-clad cold. Chilled

> In the expiring sun, we squint
> Through the Narrow Gate: the candle
> Flames; we lift our glasses, *l'chaim*, "to Life!"

Ancestors

... the genealogy of Jesus Christ ...
Amminadab begat Nashan ...
Boaz begat Obed by Ruth ...
Jehoshaphat begat Joram ...
Matthew 1:1, 4-5, 8

We went looking for ancestors in Norway
And Sweden, saw some features in bodies and faces
Familiar from childhood, heard the original music
Of the language that had lost its lilt in America.

> But no names: no cousins, no uncles, no aunts.
> All the begats eroded in the Jotenheimen
> Mountains where we hiked, flanked by
> Prehistoric glaciers, looking for clues.

We've done some begetting ourselves in the new
Country — a daughter and two sons for a start.
The lineage continues. We look for signs

> That the old genes are still at work:
> An Amminadab nose here, Ruth's high cheek bones,
> There Jehoshaphat's chin — and Jesus?

Silence

... yet he opened not his mouth.
Isaiah 53:7

The temptation is always to say too much,
Compensate for His non-saying
With verbal tinsel and bauble tunes.
Unnerved by the dimming of angel glory,

> Fading echoes of exuberant hosannas,
> We dazzle with evangelical smiles,
> Amplify earnestness to deafen doubt,
> Then miss the pre-dawn silence-swaddled virgin

Birth. Quiet is the only adequate
Womb thick enough to shut out
The devil's noise, protect a life

> Of listening. Silence and only silence is
> Congenial humus for this seed that will burst
> In resurrection through death's mute crust.

Beauty

He had no form or comeliness
That we should look at him,
And no beauty that we should desire him.
Isaiah 53:2

A whiff. A beagle for beauty I sniffed
Monet's haystacks, van Gogh's sunflowers,
Devoutly meditated Marilyn's breasts,
Watched kingfishers — lost the scent.

> Kiss the leper's wound: taste honey.
> Touch the blind eye: learn Braille.
> Keep vigil at the cradle: change diapers.
> Drink tears from the chalice: live eucharist.

Happened on found things, found in gutters,
Found on a cross, found under a stone,

> Heard in the rustling grass, heard in
> A tongue stammering *sabachthani.*

Found when I wasn't looking, heard
When I wasn't listening. Found beauty.

Hospitality

... no room for them in the inn.
Luke 2:7

Practice hospitality ungrudgingly.
1 Peter 4:9

Benedict taught us well: Receive
Each guest as Christ. The bell rings, the door
Opens. Some unexpected, and some, yes,
Unwelcome. Our guest book spills out photos.

> Christ abused, Christ the fool,
> Christ sullen, Christ laughing,
> Christ angry, Christ envious,
> Christ bewildered, Christ on crutches.

Like Gospel writers of old we pray
And reminisce over left-behind guest signs —
A bra, a sock, a scribbled thank you —

> And let them grow into stories. Sometimes
> It takes an unhurried while. Then,
> There it is: absences become Presence. Resurrection.

Uncle Ernie

A tree from the forest is cut down
... men deck it with silver and gold.
Jeremiah 10:3-4

My uncle Ernie didn't believe in God.
At least that's what he said. But he always
Went to church on Christmas. Which I thought
Seriously compromised his atheism. It was

> Nineteen thirty-seven, the year we didn't
> Have a tree. He came to dinner, looked
> Around and roared, "Evie" (that's my mother)
> "Where's the tree? You can't have Christmas

Without a tree!" "No tree this year, brother.
Just Jesus." She quoted Jeremiah on the tree
Cut down and decked with baubles and tinsel. Stunned

> By her impiety he muttered through a mouth full
> Of lutefisk "damn, damn, damn, damn"
> All through dinner. Next year the tree was back.

Altar

Another angel with a golden censer came
　and stood at the altar; he was given a great
Quantity of incense to offer with the prayers
　of all the saints on the golden altar ... then
The angel took the censer ... from the altar
　and threw it on the earth
And there were peals of thunder.
Revelation 8:3-5

Yesterday on a Sabbath walk
We climbed our local Mt. Pisgah to view
"The whole land" that is now our promised land
Home, we passed the ancient stump

> Of a Douglas fir my mother, now dead,
> Often used as an altar on prayer walks (I once
> Counted two hundred and twenty rings).
> We carried a load of pain. We rested,

Climbed to the summit, placed the gut-wrenching
Pain-evoked prayers on the golden mountain

> Altar, surveyed the salvation country,
> Then hurled the prayers incensed with tears

For all innocent and betrayed souls on earth,
Heaved them — and listened for peals of thunder.

Yes and Amen and Jesus

Whatever God has promised
  gets stamped with the Yes of Jesus.
In him, this is what we preach and pray,
  the great Amen, God's Yes and our Yes together,
Gloriously evident. God affirms us,
  making us a sure thing in Christ,
Putting his Yes within us.
2 Corinthians 1:20-22

We celebrate a lifetime — going on
Eight decades now of Yes
And Amen. Not all green eggs and ham,
But mostly Yes and Amen and Jesus.

> Three children, six grandchildren,
> Faithful friends, honored work,
> Good words, requited love,
> Holy people, sacred ground.

Years ago we placed a seven-ton
Standing stone, a silent weighty
Witness like the bronze age standing stones

> At Gezer, to mark this place, evidence
> Of things not seen, as we daily make our way
> Through this Yes and Amen and Jesus world.

Green

They still bring forth fruit in old age,
  they are ever full of sap and green.
Psalm 92:14

A poet we respected when we
Were young (we read him on our honeymoon)
Advised "Do not go gentle into
That good night." No. We **want** to go

> Gentle, embrace the Sabbath rest.
> New country for us: valleys
> To stroll through instead of mountains
> To climb. Liturgical naps after lunch.

"Fruit in old age?" "Sap and green?"
Less adrenalin, more love.
Words swell like buds about

> To burst into leaf while the gentled
> Lake laps against driftwood, green
> On gray, and a loon bugles taps.

Friends

I have called you friends.
Jesus (John 15:15)

Skating on thin ice had always
Been my forte, cursive figure
Eights my speciality. I'd never
Stubbed my toe, never eaten

> Crow, four-leaf clovers lined
> My path with Irish luck. An untroubled
> Life 'til barbarians stormed the gates
> Spewing hate in Jesus' name.

Then voices, but these melodic with beauty,
Rose from the street through my open window,
Children singing *Amigos de Christo,*

> *We're friends of the Lord, Amigos*
> *De Christo, we're friends of the Lord.*
> What a friend we have in Jesus.

Smooth Stones

David ... chose five smooth stones
  From the brook.
1 Samuel 17:40

Odd shaped pebbles roll
And tumble 'round the Rock which
Smooths them into five smooth
Stones
One of which will
Kill a giant.

A Prayer of Blessing for Trygve the New

(Trygve David Johnson, Jr. Born August 11, 2009)

Bless, God, Trygve the New with metaphors
    Accurate and adequate:

An arrow in his father's quiver,
    An olive shoot 'round his mother's table,

Firstborn, first fruits of his parents' vigor,
    A haven for ships, a lion's whelp,

A fruitful bough, a fruitful bough by a spring,
    His branches run over the wall,

His name engraved on the palms of God's hands,
    His feet beautiful upon the mountains.

    Amen.

Assateague Island

All thy waves and billows
  Have gone over me.
Psalm 42:7

A double-crested c ormorant,
    Brobdingnagian duck, black
On green, cushioned by six or seven
    Inches of air above the killing
Billows, wings a swift passage
    Through the wet wave troughs.

Beneath the bird water gathers and crests
    In curved mandalas, crashes in mantra
Chants, then slides down the strand
    Into the deep where ocean spray
Is recollected in the great
    Salt, billow-making womb.

Effortless elegance!
    Holy wildness!

We walked nine miles of ocean beach
    Yesterday and let the ocean
Rhythms — pulse-setting waves and tide-making
    Moon — get inside us. Slowed
By this ancient pacemaker
    Our hearts thirsted. We drank God.

Lazarus in Spring

Burst of bloodroot, blush
Of bloom from under the burlap–
Textured shroud of matted
Oak leaves and pine needles,
Is the unsurprised surprise
When Lazarus comes forth.

Beware the Dogs (*Cave Canem*)

Philippians 3:2

God spelled backwards is tame,
Companion for long walks,
Fireside friend at night.

I get a tail-wagging welcome
Every time I retreat
From the too-rough world.

Past challenge, I'm almighty;
Adored and obeyed, cozy
And enthroned on a footstool.

Prayer Time

I've never had an answered
Prayer
Or unanswered.

There's a clearing
Away or a darkening over,
A quickened pulse or
Slowed step, not

Getting but
Getting in on
God.

    Being there.

Intercessory Prayer

Praying mantis
Pray for me.

I need your insect
Intercession.

I've never heard
You make a sound,

Still I'd like
Your still small voice

To pray for me.

Aaron's Beard

... running down the beard,
upon the beard of Aaron ...
Psalm 133:2

Aaronic blessings
Run down my red beard
Refracting sun warmth
In oil ooze
     loosening
Ironic curses
Flecks of stubborn rust
Corrosive unbelief
Cynic stuff.

Lent

The pale winter sun slants
Cool warmth
Across my iced mind
And promises a future thaw.

Four horses thunder through the storm
Of sin's hot hail
And splash apocalyptic colors
On my white-washed sepulcher.

Baptismal rains release blossom-
Bursting shrubs and trees
From a cemetery winter
Into a resurrection spring.

Charismatic colors claim the earth.
Every fruit branch swings a censer
Through the air
Floating smells of praise.

Hell

Flabby toothless minds grin
And show the devil's double chin
Set on a neck of crepuscular sin.

Aquarian ghosts wrapped in sables
Wander stoned through eastern stables
And renovate discarded fables.

Amoebic water in inky pools
Rusts a garbage heap of tools
And poisons throats of thirsty fools.

Ascension

Space is sanctified today
As time will be next week. Bronze
Age Bethels, Shilohs, Gilgals
Slip their geographic chains,
Pop up on every continent
And most states. Rand McNally
Maps locate gospel witnesses
Marked with red dots or black
Circles, depending on the number
Of saints and sinners who have a house
Or room there. Holy sites and lands
Define the landscape since Jesus' ascent.

Shalom

Strong God of Jacob, dear Lord of hosts,
    God of the fathers, Lord of the lost,
Dissolve our terrors, quiet our fears:
    Whisper your kind Shalom.

All laws are broken, all peace disturbed,
    Rumors of wars unsettle our hearts,
Our loves are ruined, our hopes decayed:
    Love us and speak Shalom.

Rough ocean waters drown us in doubt,
    Volcanic thunders shake our repose,
Sinai is shattered, Galilee churned:
    Firm our faith with Shalom.

Plunge us in Jordan's baptismal stream,
    Dig us a deep Samaritan well,
Waters to wash the guilt from our land:
    Cleanse us and sing Shalom.

Great God of refuge, near God of help,
    Wreck the armadas of sin and death,
Be quick in mercy, be swift in love,
    Save us and make Shalom.

Light on Light

Pin that butterfly to a stick,
Label its ambiguity.
Impale on thin steel the filigreed beauty,
Make the world safe for law and order.

Transfix the lepidopteral dances
So I can view them at my leisure.
Mount them on a varnished board,
A frieze to decorate my boredom.

Or maybe I could learn to loose
My spirit to flutter with similar wings,
And light on light petals long enough
To inhale blues and touch greens.

Maranatha

Our Lord, Come!
 Maranatha
1 Corinthians 16:22

Christ, come quickly, judge my thoughts,
Show my sin, bare my pride,
Separate my sheep and goats.
    Now, Lord, Maranatha.

Christ, come quickly, tame my will,
Shape my hopes, save my dreams,
Set me high on Zion's hill.
    Today, Lord, Maranatha.

Christ, come quickly, redeem my lust,
Purge my loves, sift my heart,
Resurrect this Adam's dust.
    Soon, Lord, Maranatha.

Christ, come quickly, open the door,
Show us heaven's rainbow throne,
Reveal the Lamb that we adore.
    At once, Lord, Maranatha.

Christ, come quickly, make new pastures
For ox and eagle, lion and man,
Bless the four and living creatures.

At dawn, Lord, Maranatha.

Christ, come quickly, invite this pauper,
Break the bread and pour the wine,
Begin the glorious marriage supper.
    It's midnight, Maranatha.

Birdwatching

Merganser

Dive, merganser, deep, deep:
Eat your fill of minnows and weeds.
Surface glistening, your rust-red head
Radiant under the big sky.
Your lithe grace is daily bread,
Breakfast at matins,
Supper at vespers.
Buoyant on the world's waters,
With frequent descents for food and
Occasional flights for safety,
Easily afloat on
The sun-gathering, food-yielding blue waters.

Nuthatch

Quack like a duck, your wedge of feathers
Descending, foraging for bugs.
Wake me, your sleeping friend,
Set me upright, straight
As a tamarack, needled and green,
Reaching for the sky.

Kingfisher

Plummet the blue, kingfisher;
Pierce the green, spear

Your daily fish, then
Rattle your rusty gate clatter
Across the acoustic, cat's paw surface.
Perch solemn in comic dignity,
Your cumberbund strapped
Belly resplendent in rust and blue and white
Mirrored in the lake.
I love receiving your greetings from Maryland rivers
And Montana ponderosas and glinting
Off the lead crystal mug my daughter
Made and gave me,
First love from the company
Of Adam's flying things,
Reversed icon of my Fisher King.

Let Not Man Put Asunder

Committed by command and habit to fidelity
I'm snug in the double bed and board of marriage.

> Spontaneity's built-in
> To the covenantal dance,
> Everyday routines arranged
> In the rhythms of the manse.

This unlikely fissiparous alliance
Embraces and releases daily surprises.

> The ego strength we'd carefully hoarded
> In certain safe-deposit boxes
> We've now dispersed, unlamented
> In dozens of delicate paradoxes.

A thousand domestic intimacies are straw
For making bricks resistant to erosion:

> With such uncomely stuff we've built
> Our lives on ordinary sod
> And grow, finally, old. My love is
> Not a goddess nor am I a god.

Asunder is the one unpronounceable word in the world
Of the wed, one flesh the mortal miracle.

What started out quite tentatively
With clumsy scrawls in a billet-doux
Has now become the intricacy
Of bold marriage's pas de deux.

Ballad to the Fisher King

Pete and Andy and Jack and Jim
    Sailed in sturdy ships.
They were fishermen who plowed the sea
    While curses flowed from their lips.

    Heigh ho to the Fisher King, Heigh ho
    Heigh ho to the Fisher Christ.

The world for them was stuff to grab,
    The sea a chest to plunder;
Creation was a vacant lot
    And not a place for wonder.

    Heigh ho to the Fisher King, Heigh ho
    Heigh ho to the Fisher Christ.

They caulked their ships with sticky pitch,
    Were quick at mending a sail.
They swore and sang old chantey tunes
    And drank from a common grail.

    Heigh ho to the Fisher King, Heigh ho
    Heigh ho to the Fisher Christ.

But the fight though hard was joyful and free
    And they sang good songs of blessing.
'They helped and healed and loved and prayed

And seldom missed the fishing.

    Heigh ho to the Fisher King, Heigh ho
    Heigh ho to the Fisher Christ.

Now the fish is a sign of the saving Christ
And a sign of the men he's for,
And a fish is a line you can scratch on the sand
And a meal to feed the poor.

    Heigh ho to the Fisher King, Heigh ho
    Heigh ho to the Fisher Christ.

A Cave of Marriage

These shadows have come in on us
A few times now. More than once
We've felt the darkness, wondered
How deep it would penetrate
Before the candle flame caught,
Held and pushed it back,
Lighting and warming the cave
Where love is born and our loves
Recover in the wintry night.

All year long lovers and would-be
Lovers crowd in. And we've loved
Them, loved them generously, blessing
Them with our love. But tonight
We need to tend our own love,
Light our own candles, huddle
Awhile in a cave of marriage.

We leave the many for the one,
The Thou we each know in the other,
God-love in the beloved.
Maybe we won't go out again.
We have so many stories of love to
Tell, and love songs to sing, and candles
To light — filling this cave with
Opened gifts of each other
And in the shadows, Another.

Sermons from Figs

Without fail the fig is there
Each Sunday morning along with
Scrambled eggs and a toasted bagel.

"To make sure there's biblical
Content in your sermon," she says.
How many years have I been eating

These figs? Dried figs with lineage
To family trees in Eden and
Jerusalem? How many thousands

Of seeds carried in their fig-leather pouches
Have taken root in my stomach?
Did they find there a trodden path,

Or gravel, or shallow dirt, or
Good soil? How many fig tree sermons

Has her love planted,
Has her love pruned and grown?

The New Math

Teach us to number our days
  That we may get a heart of wisdom.
Psalm 90:12

Construct a calendar of grace,
Genesis days and moon-marked months.

    Make a Christian year: add
    Blessings, subtract sins, divide

Sorrow, multiply love —
An arithmetic to confound the devil.

Stations of the Cross

We sat on the church pew that Saturday
Night, praying the stations of the cross.
Fourteen places of pain, pain
Prayed and prayed and prayed.
Our voices antiphonal as we listened
Then spoke, then listened, then
Spoke, praying in sound and silence,
While He prayed in and for us, the pain
Prayed and praying.

On Sunday night the pain was in your eyes,
Your face a station of the cross. And I
Helpless before the pain, dumbly facing
The pain I caused. Black diagonals slanted
Off your cheekbones, furrowing tears.
The love I thought so pure caused
This pain. And you
Became — Christ to me.

The empty woods are a tomb
For burial: bare
Oaks and fog-misted
Hemlocks, kinglets here and there
Embroider the silence
With scarlet-silk sounds.
We enter our Monday
Sabbath. The silence strips us

Piece by piece of guilt
And pride and shame.
By noon we're empty and bare
As the woods, washed
For burial. How long 'til
Dogwoods clothe our nakedness,
Warblers sing our resurrection?

Sabbath Prayers

Five deer startled but still, a summer of oak leaves,
Burnished copper under their hooves

    Holy.

Pileated woodpecker, dwarf descendent of
The pterodactyl, flourishes a winged welcome

    Holy.

Elijah's mantle on our shoulders,
Warm in sweats and down slippers

    Holy.

Three cups of coffee and the fragrance
Of toasted Tassahara bread

    Holy.

Zen in bed,
One flesh

    Holy.

A day of winter rain, softly percussive,
Lays down the rhythm for the forest chamber

Orchestra's rendition of Sabbath prayers

    Holy.

Chalice of red Cana wine,
Cabernet sauvignon

    Holy.

Slow healing wounds
Under the shadow of the full
Moon-brightened cross

    Holy.

A wild dawn wind shakes us out of bed,
Waves trees like banners before us.
Wake. Look. Adore

    Glory.

Resurrection Flower

You place a resurrection
Flower on my desk, an explosion
Of yellow blossom from a green
Stem. All winter it was buried
In the dirt, covered with snow,
Soaked by rains, companion to
Earthworms. Easter in a
Daffodil: Christ leaps up
In your green laughter and light embrace.

주

헌사
* Janice Endslow Peterson(1935-2019), 유진 피터슨의 아내

들어가며
* 시인을 뜻하는 영어 단어 'poet'는 그리스어 'ποιητής'(포이에테스)에서 유래하였는데, 이 단어는 '시인'과 더불어 '만드는 자', '창작자', '행하는 자'라는 뜻도 가지고 있다.
** 영어 "occasional poems"는 특정한 사건이나 계기(occasion)를 맞아 지은 시들을 가리킨다. 한국어로는 보통 "기회시"(機會詩) 또는 "기념시"(記念詩)라고 번역되며, 결혼식, 장례식, 기념일, 환영, 송별 등 특별한 순간을 기념하거나 특별한 사건에 반응하여 쓴 시들을 뜻한다. 이 책의 목차와 중제목에서는 이 용어를 "특별한 때에 지은 시들"이라고 풀어서 옮겼다.
* "말로 우물 파기"(digging wells with words)는 땅속 깊은 곳에 있는 물을 찾기 위해 우물을 파는 것처럼 언어를 사용하여 깊은 진리, 영적 통찰, 또는 정서적 이해를 추구하는 것을 뜻하는 관용구다.

1부
거룩한 행운

행운의 긍휼한 자

* 애서티그 섬(Assateague Island)은 미국 버지니아주와 메릴랜드주 연안을 따라 친커티그 만(Chincoteague Bay)과 대서양 사이에 53킬로미터에 걸쳐 뻗어 있는 섬으로, 대서양의 파도에 깎여 형성된 길고 넓은 모래 해안을 가지고 있다.

행운의 청결한 자

* 애피커니는 미국 몬태나주 글레이셔 국립공원(Glacier National Park) 내의 루이스 산맥(Lewis Range)에 위치한 두꺼운 암석 지층이다.
** 'beargrass'는 북미에서 자라는 백합과 식물로, 한국어에서 사전적으로는 '실유카'라고 부른다. 여기서는 문맥을 고려하여 문자적인 의미 그대로 '곰풀꽃'으로 번역하였다.

행운의 박해받는 자

* 야커게이니 강(Youghiogheny River)은 미국 펜실베이니아주, 메릴랜드주, 웨스트버지니아주에 걸쳐 흐르는 216킬로미터 길이의 강이다. 거친 급류와 잔잔한 물이 번갈아 나타나는 아름다운 강줄기로 유명하다.

2부
바스락거리는 풀

입맞춤
* 크리스마스 때 장식용으로 걸어 놓은 겨우살이(mistletoe) 나무줄기 아래서 키스를 하는 전통은 18세기 영국에서 시작되어 널리 퍼진 크리스마스 시즌의 가장 낭만적인 풍습들 중 하나다.

별
* 룬 문자(runes)는 고대 게르만족들이 사용한 문자 체계로, 당시 사람들은 이 문자가 단순히 소리를 나타내는 기능을 넘어 특별한 상징적 의미와 신비로운 힘을 가졌다고 믿었다.

시간
* 원문 "The deep that calls to deep"는 시편 42편 7절의 한 부분을 가져와서 변형시킨 것으로 보인다.

잔치
* 히브리어 '엘 샤다이'(*El Shaddai*, 창 17:1)의 의미에 대해서는 다양한 견해가 있는데, 흔히 '전능하신 하나님'(God Almighty)으로 옮겨진다. 그러나 이 단어를 히브리어 '젖가슴'의 복수형인 '샤다임'(שָׁדַיִם, *shadayim*)과 연결시키는 이들도 있다. 유진 피터슨은 이 점을 염두에 두고서 누가복음 1장 49절의 "전능하신 분"(He who is mighty)을 이 시에서 'God Almighty'라는 영어가 아니라 '엘 샤다이'라는 히브리어를 사용하여 1행의 젖가슴과 연결시키고 있는 것으로 보인다.
** 그랜드 티턴(Grand Tetons)은 미국 와이오밍주에 위치한 험준한 산맥으로, 뾰족하게 솟은 봉우리들이 그 특징이다. 프랑스 모피 사냥꾼들

이 이 산들을 "les trois tetons"(세 개의 젖가슴)라고 부른 데서 이름이 유래했다.

우표

* "얇은 종이 천사들"(the thin paper angels)은 크리스마스 시즌에 발행되는 천사 우표를 말하는 것으로 보인다. 미국은 1965년에 가장 처음 크리스마스 천사(Christmas Angels) 우표(액면가 5센트)를 발행했고, 이후 영국 등 여러 나라에서도 크리스마스 시즌에 예수 그리스도의 탄생 소식과 하나님의 사랑을 전하는 상징적 존재인 천사가 그려진 다양한 디자인의 우표를 발행하였다.

자궁

* "계통 발생은 개체 발생을 되풀이한다"(Phylogeny recapitulates ontogeny)라는 이 구절은 19세기 독일 생물학자 에른스트 헤켈(Ernst Haeckel)의 유명한 명제 "개체 발생은 계통 발생을 되풀이한다"(Ontogeny recapitulates phylogeny)를 의도적으로 뒤바꾼 표현이다. 헤켈의 원래 이론은 개별 생물이 배아에서 성체로 발달하는 개체 발생 과정에서 그 종족이 진화하는 계통 발생의 과정을 압축적으로 반복한다는 주장이었다. 이와 같은 발생 반복설(Recapitulation theory)은 20세기 초에 그 이론의 단점이 인식되어 20세기 중순에는 생물학적 미신으로 격하되었다.

새벽

* 서스쿼해나 강(Susquehanna River)은 길이 약 715킬로미터의 미국 동부의 주요 하천으로, 미국 뉴욕주 코퍼스타운 부근에서 발원해 펜실베이니아로 남하하여 메릴랜드 체서피크 만으로 흘러든다.
** 머낭거힐러 강(Monongahela River)은 미국 웨스트버지니아 애팔래치아 산지에서 발원해 북쪽으로 흐르며, 펜실베이니아 피츠버그에서 앨러게니 강과 합류하여 오하이오 강을 이루는 길이 약 209킬로미터

의 하천이다. 남쪽의 고지대에서 북쪽의 저지대 방향으로 아래로 흘러간다.

❖ 앨러게니 강(Allegheny River)은 미국 펜실베이니아 북부 포터 카운티에서 발원해 뉴욕주를 거쳐 남서로 굽이쳐 흐르다가 펜실베이니아 피츠버그에서 머낭거힐러 강과 합류하여 오하이오 강을 이루는 길이 약 523킬로미터의 하천이다. 곡류가 많은 것이 특징이다.

메시지

* 사스커툰(saskatoon)은 북미 원산인 작은 관목으로, 캐나다와 미국 북부 전역에서 자란다. 블루베리와 비슷한 자주빛 열매가 열리고, 잼, 파이, 와인 재료로 쓰이며, 원주민들에게 중요한 식량이었다.

영광

* 쉐키나(Shekinah)는 문자적으로 '거함' 또는 '정착함'을 의미하는 히브리어로, 유대 전통에서는 이 세상에 임재하시는 하나님의 현존, 특히 성전에 임재하시는 하나님의 영광의 빛으로 이해된다.

테러

* 리워야단(Leviathan)은 구약 성경(욥 41:1 등)에 나오는 거대한 바다 괴물로 혼돈과 악의 세력을 상징하며, 베헤못(Behemoth)은 구약 성경(욥 40:15)에 나오는 거대한 짐승으로 강력한 힘을 가진 사나운 존재로 묘사된다.

** 이 문장은 고대 그리스 철학자 헤라클레이토스(Heraclitus, 주전 535-475년경)의 유명한 격언에서 가져온 것으로, 상승과 하강, 선과 악과 같은 대립적 개념들이 사실은 같은 과정의 다른 면일 뿐이라는 그의 철학을 담고 있다.

눈

* 르하임(l'chaim)은 "생명에게" 또는 "생명을 위하여"라는 뜻을 가진 히

브리어로, 유대인들이 술잔을 들 때 사용하는 전통적인 축배사다. 단순한 건배를 넘어 삶 자체를 축복하고 경배하며, 고난 가운데서도 생명의 소중함을 인정하고 감사하는 마음을 표현하기 위해 사용된다.

조상들

* 요툰하이멘(Jotunheimen)은 노르웨이 남부에 위치한 거대한 산악 지대다. 노르웨이어로 '거인들의 집'이라는 뜻처럼 요툰하이멘에는 스칸디나비아 반도 최고봉인 갈회피겐(Galdhøpiggen, 2,469미터)을 비롯한 2,000미터 이상의 봉우리가 250개 이상 있다. 또한 폭포, 빙하, 계곡이 풍부하며, 인기 있는 등산로인 베세겐(Besseggen)이 있어 많은 사람이 찾는 국립공원이다. 선사 시대 빙하로 인해 그 주변이 침식되었지만 그 자리에 남아 있는 잔존 산지로서 이곳은 오랜 지질학적 역사를 간직하고 있다.

아름다움

* "사박다니"(sabachthani)는 예수께서 십자가에서 외치신 말씀으로, "나를 버리셨나이까?"라는 뜻의 아람어다(마 27:46, 막 15:34).

어니 삼촌

* 어니(Ernie)는 유진 피터슨의 외삼촌 어니스트(Ernest A. Hoiland, 1896-1970)의 애칭이며, 이비(Evie)는 그의 어머니 이블린(Evelyn E. Hoiland Peterson, 1912-1984)의 애칭이다.
** 노르딕 국가들의 전통 음식으로, 말린 대구와 같은 흰살 생선으로 만든다.

제단

* 비스가 산(Mt. Pisgah)은 신명기 34장 1절에서 모세가 올라가 "온 땅", 곧 하나님이 보여 주신 약속의 땅 전체를 바라본 곳이다.
** 더글러스 전나무(Douglas fir)는 북미 서부가 원산지인 소나무과 상록

침엽수로, 이름에 '전나무'가 들어가지만 진정한 전나무속은 아니다. 수명 1,000년 이상에 높이 100미터 넘게 자랄 수 있는 대형 수종으로, 미국 서부 지역에서는 건축재와 크리스마스 트리로 널리 사용된다.

예와 아멘과 예수님

* "초록 달걀과 햄"(Green Eggs and Ham)은 미국 아동 문학 작가 닥터 수스(Dr. Seuss)의 그림책 제목이다. 전혀 어울리지 않는 조합을 억지로 먹게 하는 유머러스한 이야기인데, 이 책의 주인공은 처음에는 초록 달걀과 햄을 먹기 싫어하지만, 결국 맛보고 나서는 좋아하게 된다.
** 게셀(Gezer)은 고대 가나안의 성읍이다(수 10:33, 왕상 9:15). 이곳에서 청동기 시대(주전 1650-1500년경)의 거대한 돌기둥(standing stones)이 발견되었는데, 높이가 3-4미터에 달하며 종교적 의식이나 중요한 언약을 기념하기 위해 세워진 것으로 추정된다.

푸른

* 여기에 인용된 "저 좋은 밤 속으로 순순히 들어가지 말라"(Do not go gentle into that good night)는 문구는 웨일스 출신 시인 딜런 토마스(Dylan Thomas, 1914-1953)가 1947년에 쓴 시의 첫 구절이자 대표적인 연(聯)의 후렴구다. 이 시는 토마스가 암으로 시력을 잃어 가던 아버지를 위해 쓴 작품으로, 여기서 "좋은 밤"(good night)은 죽음을 완곡하게 표현한 것이다. 시의 유명한 반복구인 "꺼져 가는 빛에 맞서 분노하라, 분노하라"(Rage, rage against the dying of the light)에서 잘 알 수 있듯이 시인은 죽음을 순순히 받아들이지 말고, 끝까지 저항하라고 권한다.

친구들

* "아미고스 데 크리스토"(Amigos de Cristo)는 스페인어로 '그리스도의 친구들'이라는 뜻으로, 존 일비세이커(John Ylvisaker)가 작곡한 찬송가다. 후렴구에서 "아미고스 데 크리스토, 우리는 주님의 친구들"이라

는 가사가 반복된다.
- "예수, 그 얼마나 좋은 친구인지"(What a friend we have in Jesus)는 조세프 스크리븐(Joseph Scriven)의 시에 찰스 크로잿 콘버스(Charles Crozat Converse)가 곡을 붙인 찬송가다. 한국어 찬송가에는 "죄 짐 맡은 우리 구주"라는 제목으로 실려 있다.

3부
매끄러운 돌들

개들을 조심하라(카베 카넴)
- "카베 카넴"(cave canem)은 라틴어로 "개를 조심하라"는 뜻이며, 고대 로마 가옥이나 건물 입구에 새겨진 경고 문구다. 가장 유명한 예는 폼페이의 비극 시인 집(House of the Tragic Poet) 현관 모자이크이다.

승천
- 랜드 맥널리(Rand McNally)는 1856년 시카고에서 윌리엄 랜드(William H. Rand)와 앤드류 맥널리(Andrew McNally)가 설립한, 미국에서 가장 오래되고 대표적인 지도 제작 회사다. 학교 교육용 지도책과 도로 지도, 여행 가이드북을 비롯한 다양한 지도를 제작하고 있으며, 미국인들에게 가장 친숙하고 권위 있는 지도 브랜드 중 하나로 인식되고 있다.

마라나타
- 에스겔 1장 10절, 요한계시록 4장 6-7절 참조.

탐조

* '마틴스'(matins)는 수도원의 시간 전례 중 새벽녘에 드리는 아침 기도이고, '베스퍼스'(vespers)는 해질녘에 드리는 저녁 기도이다.
** 몬태나 폰데로사(Montana ponderosa)는 몬태나주에 자생하는 폰데로사 소나무로, 미국 서부의 대표적 침엽수다.
♣ '어부 왕'(Fisher King)은 아서 왕 전설에 등장하는 신화적 인물로, 그리스도의 성배를 지키던 가계의 마지막 존재다. 그는 상처를 입고 낚시만 할 수 있어서 '어부 왕'이라 불린다. 영어로 물총새(kingfisher)를 거꾸로 읽으면 어부 왕(Fisher King)이 된다.

사람이 갈라놓지 못할지니라

* "파드되"(pas de deux)는 불어로 '둘이 추는 춤'이라는 뜻으로, 발레에서 두 무용수가 함께 추는 우아하고 정교한 춤을 뜻한다.

어부 왕에게 바치는 발라드

* '피트'(Pete), '앤디'(Andy), '잭'(Jack), '짐'(Jim)은 예수님의 제자들 가운데 갈릴리 호수의 어부였던 네 제자의 이름, 곧 베드로(Peter), 안드레(Andrew), 요한(John), 야고보(James)의 영어식 애칭 또는 약칭이다. 이 시에서는 성경 속 인물들이 아니라 평범한 사람들을 가리킨다.
** '헤이 호'(Heigh ho)는 노래의 후렴구나 다양한 상황에서 쓰이는 감탄사다. 그 기원이 오래되었으며, 영어 민요와 해양 노동요(chantey)에서는 뱃사람들이 배를 젓거나 밧줄을 당기는 등의 집단 작업을 할 때 일의 박자를 맞추기 위해 후렴구로 사용하기도 하였다.
♣ 물고기(ἰχθύς)는 그리스어에서 "예수 그리스도, 하나님의 아들, 구주"의 첫 글자들을 조합한 것으로, 그리스도를 상징하는 초기 기독교의 중요한 표징이었다.
❖ 모래 위에 그린 물고기 모양은 로마 제국이 기독교를 박해하던 시기에 초기 그리스도인들이 서로를 식별하기 위해 사용한 비밀 신호였다. 한 사람이 모래나 흙에 물고기의 첫 번째 곡선을 그리면, 상대방이 그

리스도인일 경우 나머지 곡선을 그려 물고기 모양을 완성함으로써 서로 성도임을 확인했다.

십자가의 길

* 십자가의 길(Stations of the Cross/Way of the Cross)은 전통적으로 사순절과 성주간에 행해지는 경건한 기도 예식이다. 예수님께서 십자가를 지시고 골고다까지 가시는 길을 열네 장면으로 나누어, 각 장면 앞에서 묵상하고 기도를 드린다. 보통 교회 예배당 벽이나 길가에 작은 그림이나 조각으로 표시해 두며, 신자들이 하나씩 따라가며 기도하는 방식으로 실천한다. 이것은 고대부터 열심 있는 순례자들이 예루살렘을 찾아가 직접 비아 돌로로사(Via Dolorosa)를 걷던 관습에 뿌리를 두고 있다. 그러던 것이 15세기에 들어서면서 직접 성지를 찾아가지 못하는 이들을 위해 각 지역에 성지를 모방한 조각이나 이미지들로 된 장소들을 설치하면서 지금의 형태로 서서히 발전하게 되었다.

안식일 기도

* 타사하라 빵(Tassajara bread)은 미국 캘리포니아의 타사하라 선원(Tassajara Zen Mountain Center)에서 만들어 대중적으로 알려진 건강한 곡물빵이다. 1970년대 출간된 「타사하라 빵」(*Tassajara Bread Book*)을 통해 자연식, 채식 운동과 함께 유명해졌다.
** '가나'는 예수님께서 물로 포도주를 만드신 갈릴리의 도시이며(요 2:1-12), '까베르네 소비뇽'(Cabernet Sauvignon)은 세계에서 가장 유명하고 널리 재배되는 섞포도 품종이다.